江戸の食空間

屋台から日本料理へ

大久保洋子

講談社学術文庫

目次

江戸の食空間

プロローグ……11
第一章　江戸のファストフードのにぎわい……16
1　花形としての屋台　16
2　ファストフードの王者、てんぷら　22
3　すし――「押す」から「握る」へ　34
4　そば屋、一、二町ごとに一戸　47
第二章　江戸の味の誕生……61
1　江戸百万都市　61
2　食欲をそそる醤油と砂糖　69
3　下り酒、年百万樽　76
4　江戸庶民の食べ物ベストテン　82

第三章　将軍の食卓、町人の食卓……………93
1　てんぷらを食べられなかった将軍　93
2　誇りたかき武士の食卓　103
3　町人の食事アラカルト　119
第四章　大江戸グルメブーム……………127
1　「初鰹狂奏曲」　127
2　庶民の食生活をのぞく　135
3　和菓子の世界　148
第五章　究極の料理茶屋、八百善……………161
1　料理茶屋の出現　161
2　八百善の戦略　172

第六章　日本料理の完成……193
1　本流としての本膳料理　193
2　懐石料理の誕生　202
3　外国料理の影響力　211
エピローグ……220
参考文献……224
あとがき……230

図版協力／謙堂文庫・国立国会図書館・大英博物館・東京堂出版・名著普及会・臨川書店

慶長	けいちょう	1596－1615年	延享	えんきょう	1744－1748年
元和	げんな	1615－1624	寛延	かんえん	1748－1751
寛永	かんえい	1624－1644	宝暦	ほうれき	1751－1764
正保	しょうほう	1644－1648	明和	めいわ	1764－1772
慶安	けいあん	1648－1652	安永	あんえい	1772－1781
承応	じょうおう	1652－1655	天明	てんめい	1781－1789
明暦	めいれき	1655－1658	寛政	かんせい	1789－1801
万治	まんじ	1658－1661	享和	きょうわ	1801－1804
寛文	かんぶん	1661－1673	文化	ぶんか	1804－1818
延宝	えんぽう	1673－1681	文政	ぶんせい	1818－1830
天和	てんな	1681－1684	天保	てんぽう	1830－1844
貞享	じょうきょう	1684－1688	弘化	こうか	1844－1848
元禄	げんろく	1688－1704	嘉永	かえい	1848－1854
宝永	ほうえい	1704－1711	安政	あんせい	1854－1860
正徳	しょうとく	1711－1716	万延	まんえん	1860－1861
享保	きょうほう	1716－1736	文久	ぶんきゅう	1861－1864
元文	げんぶん	1736－1741	元治	げんじ	1864－1865
寛保	かんぽう	1741－1744	慶応	けいおう	1865－1868

江戸時代の年号

江戸の人口（町方および寺社門前町人）					全国人口		
年代	総計	男100に対し女％	男人数	女人数	年代	総計	男100に対し女％
1733年（享保18）	536,380	57.6	340,277	196,103	1732年（享保17）	26,921,816	86.9
1747年（延享4）	513,327	59.0	322,752	190,575	1750年（寛延3）	25,917,830	87.6
1798年（寛政10）	492,449	73.9	283,179	209,270	1798年（寛政10）	25,917,830	90.6
1832年（天保3）	545,623	83.4	297,536	248,087	1834年（天保5）	27,063,907	92.6
1845年（弘化2）	557,698	90.1	293,371	264,327	1846年（弘化3）	26,907,625	94.6
1869年（明治2）	503,703	92.7	261,392	242,311	1870年（明治3）	32,794,987	96.0

江戸の人口（小川恭一「江戸の人口と男女比率」〔『史料が語る江戸の暮らし122話』1994年、つくばね舎〕より）

江戸の食空間

屋台から日本料理へ

プロローグ

人の集まるところ、ファストフードあり

陰暦七月二六日（現在ではおよそ一月遅れの八月末）の夕べ、人々は江戸・高輪《たかなわ》の海岸べりに三々五々集まってきた。この日には、月の出の光が三つに分かれて輝くといわれ、その光に阿弥陀《あみだ》さま、観音さま、勢至《せいし》さまが現れるという信仰に動かされて、人々が集まったのである。はじめのうちこそ純粋にその御利益《ごりやく》を求めて、ござを敷いてすわり、ただひたすら祈っていたが、やがて、その集まりはどこかお祭りのような高ぶりを見せはじめ、そのにぎわいは相当なものになっていった。

高輪のような海岸、あるいは月のよく見える高台に、人々は花火でも見物するように集まった。そこにはめざとく食べ物を商売する者もあらわれ、そのようすを初代歌川広重が「東都名所高輪廿六夜待遊興之図」（一八三七年〔天保八〕）に今にも人々が動き出し、そのざわめきが聞こえてくるかのように描いている。写真以上の臨場感を感じるのは筆者だけではないと思う（一二ページ参照）。

この絵図にはしるこ・だんご・二八《にはち》そば・てんぷら・すしの屋台に麦湯《むぎゆ》・心太《ところてん》・水菓子

「東都名所高輪廿六夜待遊興之図」（部分）（歌川広重、大英博物館蔵）

（果物）・いか焼きなどが描かれており、なかでも「てんぷら」「すし」の屋台がめだっている。

町人たちは御利益のある月を見ようとどっと繰り出したわけだが、このような人出をあてこんで、食べ物商売が群がる姿は、いつの世でも同じとみえる。ただ、この図のようなにぎわいとなったのは、江戸も後半のことと思われる。

すでに平安の昔にも、都大路のように人々が集まるところでは、食べ物が売られていた。まして江戸のような百万都市ともなれば、当然食べ物商売は活気を呈していた。

徳川幕府は江戸城を核に、上野に寛永寺《かんえいじ》、浅草に浅草寺《せんそうじ》、神田に神田明神、そして芝増上寺、山王《さんのう》権現などの寺社を保護したが、それらを中心に縁日や祭礼などがおこなわれ、人々もその日を楽しみにしていた。

また火事の多い江戸のこと、延焼を食い止めるために、火除地《ひよけち》が作られたが、それらの明《あき》地《ち》は庶民のたまり場にもなり、盛り場としての機能をもつようになっていった。とくに両国橋は明暦の大火（一六五七年〔明暦三〕）のあとに作られ、その西側の広小路《ひろこうじ》と、焼死した人々を弔《とむら》った回向院《えこういん》のあたりは、江戸で第一の盛り場になったところである。

幕末の江戸地誌『江戸名所図会《ずえ》』（斎藤長秋・莞斎・月岑《げっしん》著、長谷川雪旦画、一八三四〜三六年〔天保五〜七〕）に描かれた「両国橋」では、大川（隅田《すみだ》川）にかかる両国橋とそのたもとの広小路、また川面にも船が出て、人々がつどい、夏の一夜を花火を見てすごすさまが写しだされている。ついでながら一六五二年（慶安五）八月、江戸の町では花火が禁止されたが、大川岸での花火だけは例外となっている。人々がそれをいかに楽しみにしていたかがわかろうというものである。

こうした盛り場や祭礼・縁日・花火見物に出てくる人々を目当てに、たくさんの屋台が出、さらには川の上でまで食べ物が売られたのである。

一〇〇万人以上に膨れ上がった江戸の町では、一八世紀半ばになると、盛り場には素麵《そうめん》売り、西瓜《すいか》の裁ち売り、虫売り、白玉売り、蒲焼《かばやき》屋、幾世《いくよ》餅《もち》売り、茶店などの店が出たほか、大道芸、芝居、見世物、相撲、開帳、書画会などもおこなわれたと『大江戸の文化』（西山松之助、一九八一年、日本放送出版協会）にある。

なお、江戸の盛り場としての広小路は、一八世紀後半には前述の両国広小路を筆頭に、筋違橋御門内広小路、浅草御門内広小路、永代橋《えいたいばし》東西広小路、新大橋西の方広小路、中橋広小路、四日市広小路などがあったと『明和撰要集』にある。

百万消費都市、江戸

庶民の生活は、その日暮らしのつつましいものとはいえ、太平の世の中に「江戸城の将軍様のお膝元」に暮らせる幸せを感じて、一生懸命働き、また楽しみを見つけていたといえる。江戸の風俗は、二六〇年あまりの時間をかけて醸成されたが、その江戸後期から明治にかけてのようすが『江戸府内絵本風俗往来』（菊池貴一郎、一九〇五年）にも見ることができる。そこにはやはり、屋台でのてんぷら、すしに、かつぎ売りのしるこ、水菓子（果物、たとえば西瓜）の切り売りが見える。またこの本のそのほかの絵を見ても、庶民の生活はつい最近の昭和の中頃までの姿と重なり、江戸の営みがあまり変化せずに続いてきたのがわかるような気がして筆者には懐かしく、江戸がとても近く感じられるのである。

江戸は規模こそ異なるものの、現在の東京と同様に一極集中化していた。そして、江戸の町の庶民の多くは長屋住まいであり、食べ物をつくるための土地を持てなかったので、すべてを購入するしかなかった。このため棒手振《ぼてふ》りといって、毎日の食事の材料であるあさりのむきみや納豆、魚、野菜などを、路地裏までも売りにくる人々がいたのである。こうした売り手には、その日稼ぎの人が多かった。

一方、商店に住みこみで働いていた手代、丁稚《でっち》小僧やまかないの女性たちなどは、毎日の食事といえば、飯に汁、漬物が基本で、昼・夕食ではこれに煮物、また月に何回かは魚がつく程度であったから、祭礼や花火見物などに出かけて屋台などでとる外食は、とても大きな楽しみであった。

また、火事でしじゅう復興工事をしていた江戸には、職人（大工・左官《さかん》・鳶《とび》など）が多く、この人たちにとっては、手軽に安く口にできる屋台などでの食べ物は、たいへん都合がよかったと思われる。というのは、満腹では仕事がはかどらず、そこそこの腹具合での労働が能率につながったからである。そして、こうした屋台で食べられていたものこそが、本書で扱う「ファストフード」にほかならない。

江戸は徳川幕府が日本の中心地たるべく、ほとんど何もない状態から作り上げた都市であるから、もともとその工事のための男の人口が多かった。さらに参勤交代で郷里に妻子をおいて江戸詰めになった藩士、上方《かみがた》からやってきた大店《おおだな》の使用人たち、仕事を求めて出稼ぎに来た人たちなども、その多くが単身男性であった。

こうした多くの男性たち、なかでも使用人や出稼ぎ人などの庶民たちに人気のあった、すぐ腹の足しになる食べ物、すなわち「てんぷら」「にぎりずし」「そば」「鰻の蒲焼」などは、いずれも屋台売りから始まっており、いわば江戸庶民のファストフードとして役立っていた。本書では、こうした庶民の味ファストフードから筆をおこし、それらの一部をも吸収しながら、この時代に完成していった「日本料理」にまで筆をすすめてみたいと思う。

第一章　江戸のファストフードのにぎわい

1　花形としての屋台

せっかちな江戸っ子たち

多くの町人たちは、わずかな給金から爪に火をともすようにして小銭をため、祭りや休暇になると町にでかけて見世物や買い食いを楽しんだ。四文屋《しもんや》という、おでんの具を串にさし、四文均一で売る店（屋台）などが、両国一帯から柳原より芝まで続き、大にぎわいであると、随筆『飛鳥川《あすかがわ》』（柴村盛方《もりかた》、一八一〇年〔文化七〕）にある。『近世職人尽絵詞《きんせいしよくにんづくしえことば》』（鍬形蕙斎《くわがたけいさい》、一八〇四年〔文化元〕頃）には、てんぷら、いか焼き、四文屋が描かれており、江戸も後半になるとかなりの数の屋台が立ち並び、人々の楽しみの一つになっていたことがわかる。

屋台といっても今のように車がついてはおらず、すえおきで、大名行列が通るときなど、必要に応じてたたんで移動するものだった。てんぷらなどのように火と油を扱う者は、火事を警戒して外での営業しか許可されなかったため、自宅で商売をするにも、家の前の道路に出てあきなうという徹底ぶりであった。

　すしの場合、そもそもは押しずしをケーキのように切って並べて売っていたのが、にぎりずしが考案されてからは、あっという間にすしといえばにぎりずしのことになっていく。これもてんぷら同様、にぎりたてをその場ですぐ口にできるので、気の早い江戸っ子にはうってつけの食べ物であった。江戸の庶民の味「ファストフード」は、どうやらせっかちで粋な江戸下町の町人が、自分たちの中から工夫して生み出した食べ物だといえよう。それでは屋台での商売から見ていくことにしよう。

屋台（『守貞謾稿』より）

屋台での買い食い

「屋台」とは、屋根があって物を売る台を備え、一応移動が可能な店のつくりをいう。喜《き》田《た》川《がわ》守貞《もりさだ》の随筆『守貞謾稿《もりさだまんこう》』（一八五三年〈嘉永六〉脱稿）の「出し見世・床見世」の項には、江戸にたいへん多く、据《す》え店で不用の時に移す、とある。

　この作者は浪花生まれで三一歳のときに江戸に移り、京坂と江戸の風俗の違いを『守貞謾稿』に記録している。図入りで詳細に記述しており、江戸後期のようすがよくわかる貴重な資料である。屋台が車をつけて移動ができるようになったのは明治になってからであり、それまではこんろや七輪のほかに食器や調理道具を積んでおり、簡単に移動するのはむずかしかったと思われる。

屋台見世《みせ》はすし、てんぷらがほとんどで、夜でも人通りの多い場所にあり、毎町各三、四ヵ所あったというからけっこう多かった。てんぷらに関しては、すでに述べたように自宅で売るにしても家の前であきなわなければならなかったという。

現在でもてんぷら油は、火事の原因の第一位とあまり名誉なことではないのだが、江戸でも火事の原因になることを恐れて、家の中での営業を禁止している。これはまた、揚げ物特有の換気の必要などを考えると賢明であったといえる。さらには「蒲焼」などと同じく、匂いをふりまくことで庶民の買い気をくすぐったに違いない。

火事といえば、本書でもたびたび言及する明暦の大火（一六五七年〈明暦三〉）すなわちかの有名な「振袖火事《ふりそで》」は、江戸市中の三分の二を焼きつくし、その復興のために近在から職人が集まった。その多くは男性であり、今で言う単身赴任であるから、食事にはすぐ困り、煮売り屋（現在の惣菜屋《そうざいや》）は大繁盛となった。

建築にたずさわる鳶・左官職人たちなどの肉体労働をする人たちは、腹一杯食べては仕事がはかどらないため、小口に食事をしたほうがよく、その条件に、屋台でのちょっと一串のてんぷらやいか焼き、なんでも四文の煮売り屋がぴったりであった。

プロローグで述べた広小路などは大いににぎわっていた。幕府が防火用に作ったスペースに、屋台や簡単な茶店、煮売り屋が集まってきたのである。一六六一年（寛文元）になると、一八時以降の営業が茶屋や煮売り屋に禁じられている。一六九九年（元禄一二）には防火のため、煮売り屋のなかでも辻売りや荷《にな》い売り（棒手振《ぼてふ》り）などの夜間営業を禁じている。一七九九年（寛政一一）にも新たな規制が出されている。そのほか何度か規制が出されているということは、それが守られていないということを意味し、まして規制外の時間帯はさぞかしにぎわっていたのだろうと思われる。それだけ、人々の夜の活動も活発なものがあったのであろう。

江戸独特の食べ物

しかし、火事の多い江戸は、逆に人々の住居に対する思いを軽くし、その日暮らしの楽しみのターゲットとして見世物や食に心を向かわせた。かといって予約制、注文制の高級料理屋などへはたびたび足をはこぶわけにもいかず、じっさいには手軽な買い食いということになる。

『東都歳事記』（斎藤月岑、一八三八年〔天保九〕）の「盛夏路上の図」（二〇ページ参照）をみると、ところてんや水（水に砂糖を入れて甘くしたり、白玉だんごを入れて冷水として売ったが、氷などで冷やしたわけではなく、盛夏で冷えていたとも思われないが）、果物

てんぷらなどの路上の商いが描かれている（『東都歳事記』より「盛夏路上の図」）

（西瓜などの切り売り）のほか、なんと暑いさなかにはだかで商う屋台のてんぷら屋が描かれている。てんぷらと西瓜の食べあわせは大丈夫だったのだろうか。また、よほど暑いとみえて、小僧の水まき姿や、天秤棒で穴のあいた桶をかついで通りに水をまいているようすが描かれており、江戸のにぎやかな通りのひとこまがよくわかる図である。

江戸の建設、火事の復旧などで仕事には困らないけれど「その日暮らし」であった人々が、「宵越《よい》しの金は持たない」という江戸っ子の気質を作っていった。

はじめ人々は上方からの「下《くだ》り物」に依存し、上方の文化にあこがれ、大商人も上方人が支配していた。しかしやがて江戸在住者も醬油をはじめ、「下り物」

に頼らない文化、すなわち江戸文化を作っていく。

江戸中期頃から江戸独特の食べ物が庶民の手で作られ、その売り手も煮売り・辻売り・棒手振り・屋台見世・茶店・料理屋などと広がっていく。

毎日の食材ばかりでなく、煮豆のような調理済のものを売る惣菜売り（今のテイクアウト）もあり、また魚などでは、天秤棒でかついでくる半切り桶（すし桶のように浅い桶）にまな板と包丁を入れて売り歩き、注文があればその場でおろして売る者もいた。野菜などもある程度洗ったものを売り、すぐ使えるようにしていた。

魚は日本橋が魚市場で、野菜は「やっちゃば」（市場）が神田にでき、そこから仕入れて売り歩いた。野菜売りは「前菜売り《せんざいうり》」といって、なすとか青菜など一、二種類だけを扱う者をいい、「八百屋」というもっと多くの野菜を扱う者と区別していたが、そのうち区別せずに、野菜を扱えばすべて八百屋というようになった。江戸近郊の農家も直接売りに来ていたようである。

こうした食事情の中で、家で食事をつくれない人々――独身男性や住みこみの人々が、その場で食べられるファストフードを愛用していたのである。とくに串をもちいて食べやすくしたてんぷら・でんがく・蒲焼・だんごに、手でつまんで食べられるにぎりずし・餅菓子《もちがし》類（大福など）・饅頭《まんじゅう》そして水菓子の切り売りなどに人気があった。くわえて汁を伴うそばきり・ところてんなどもあり、これらは路上で、屋台やそれに準じたこしらえ（屋根なしの台に並べたり、樽上に品物をのせ傘をさしかけたり）のもとで売られていた。
そばに関しては後述するが、けんどんそば・夜鷹《よたか》そば・二八そばなど、後世に残る江戸のそばも屋台から始まっている。屋台以外のこしらえとしては、屋根がなくて台だけだったり、屋根のかわりに傘をかざしたもののほか、移動用にかんたんにかつげるようにした二八そば屋の、細長い長方形の戸棚型を二つつないだものもあった。なお、大きな桶を二つ天秤棒でかついだ者は振り売りといって、「惣菜」を扱った煮売り屋とは別に、毎日の庶民の食事の「材料」を売って歩いていた。
あさりのむき身などはこどもまでが、「おじさんあさりはどうだ、あさりむっきん」といって売り歩いたりした（式亭三馬『浮世床』、初編一八一一年〔文化八〕）。（なお、以下本書では、引用文は読みやすさを考え、要約したり、漢字をかなに変えたり、現代かなづかいに直したり、あるいはルビ・句読点を入れるなどしているところがある）
さて次の節では、こうした屋台から生まれたファストフードの傑作、てんぷらとにぎりずし、そば、そして鰻の蒲焼について見てみることにしよう。

2　ファストフードの王者、てんぷら

あつあつをほおばる

このてんぷら、江戸前（江戸湾でとれた）の魚に、小麦粉を水でといたころもをつけて揚げ、その揚げたてを串にさして、大根下ろしと天つゆをつけて食べたものである。

なかなかしゃれたもので、あつあつをほおばりながらのおいしさは、想像するだけでもさぞかしとおもわれる。なかにはテイクアウトをした場合もあるかもしれないが、そのへんは絵図ではわからない。このように揚げたり、焼いたり、煮たりして、その場ですぐ食べられる料理を安価で提供し、江戸の庶民のせっかちさにぴったりあった「買い食い商売」が繁盛した。

江戸のこれらの状況は、多くの絵図であらわされているので、現代の我々も、あれこれ迷いながら食べている当時の人々のようすはよくわかるのだが、料理書とは違って作り方はわからないため、その味や匂いは体験できない。まことに残念である。

これらの店は、人々が集まるところに屋台や屋根なしの売り台など、さまざまな方法で営業されたわけだが、てんぷらといえば屋台が決まりだったのか、多くのてんぷら営業の絵図が屋台であらわされている。たくさんの屋台がそれぞれに繁盛する。それは、庶民階級に属する人々だけでも五〇万人という、活気あふれる百万都市ならではの光景であった。

ハイカロリー食品だったてんぷら

人々がてんぷらを、じっさいにどのように味わっていたのかを知る手だてとして、川柳がある。

天麩《てんぷ》らの店に蓍木《めどぎ》を立てて置き

蓍木とは占い師の筮竹《ぜいちく》のことで、この筮竹は本来は蓍萩《めどはぎ》という植物の茎をもちいていたのでそう呼ばれていたが、後には竹で代用するようになっていった。串にさして作るてんぷら用の竹串が、筒に差して入れられている筮竹のさまと似ているためで、絵図にもそのようすが描かれており、なるほどと思わせる。

てんぷらの指を擬宝珠へ引んなすり

擬宝珠《ぎぼうし》とは、橋の欄干《らんかん》の柱の上にある飾りもので、銅板で細工したものが多かった。橋のたもとで開業していたてんぷら屋台がけっこうあったのかもしれない。

現在の我々が食べているてんぷらのころもには、小麦粉・卵・水が使われているが、当時は小麦粉に水だけであった。カリッとかたく揚げるには、高い温度で比較的薄めのころもがよいと思われるが、それで魚を揚げるのはかなり技術を要するものである。

しかし、カリッと揚がっているのをよしとするのは今の我々であって、その当時はどうだ

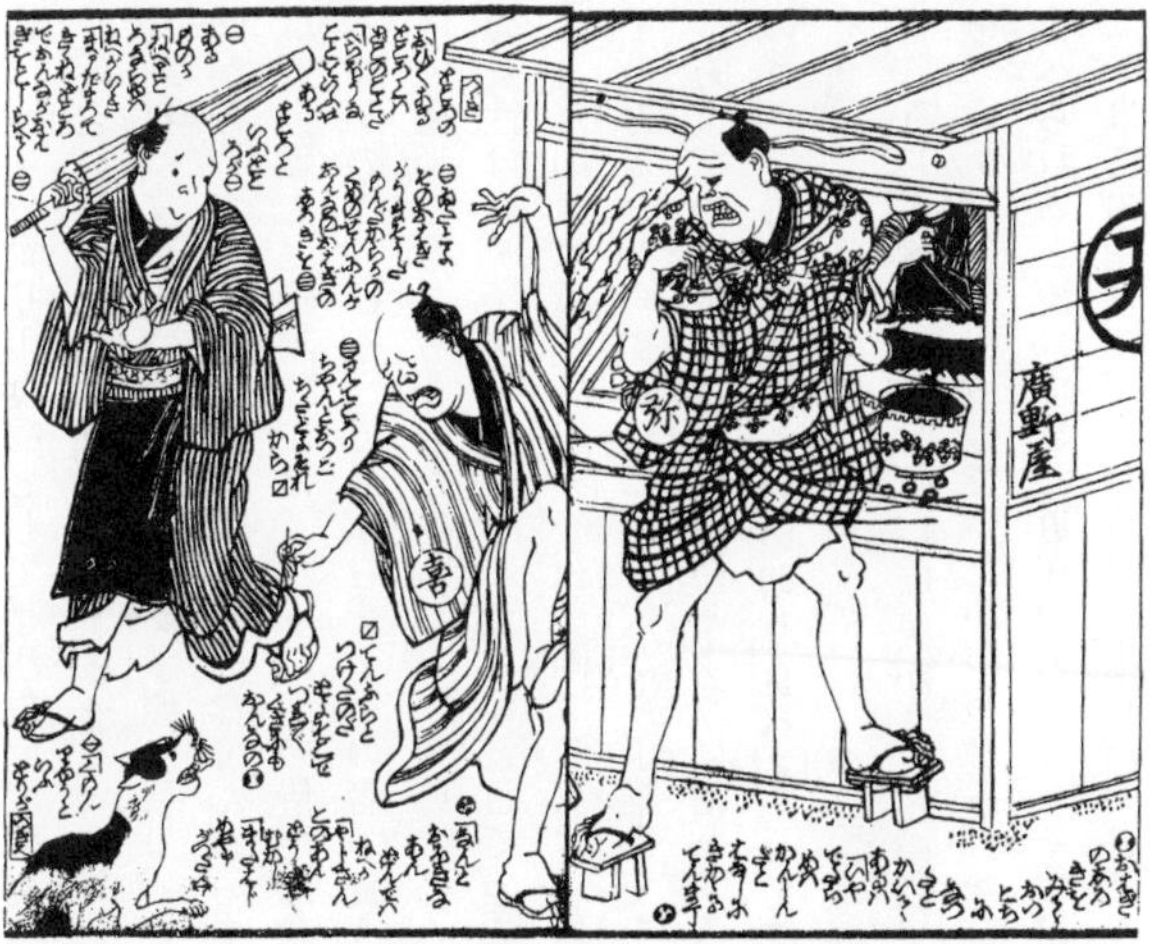

串刺してんぷらを犬にとられてびっくり（『江戸久居計』より）

ったのか。

おそらくころもは厚くして、時間をかけて揚げなければ火が通らないし、おいしくなかったであろう。そこで考え出されたのが天つゆと大根下ろしの組み合わせで、余分な油のくどさを解消するにはたいへんよいアイディアであった。

また、種を串にさして食べやすくし、手が油で汚れるのを防ぐという工夫にも感心してしまう。それでも川柳にあるように、橋の擬宝珠へ指をなすりつけたりしていて、油がかなり手についたことがうかがわれる。けれども、揚げ物といえば油揚げくらいで、油の調理は一般にはおこなわれていなかったと考えられるから、このてんぷらはハイカロリー食品として、江戸庶民の食生活に貢献していたということになる。

屋台のてんぷらの図には、犬がよく一緒に描かれている。滑稽本の『江戸久居計《えどくいけ》』(一八六一年〔文久元〕)(二五ページ参照)には、弥次・喜多が犬にてんぷらを食べられてしまう図がのっている。犬もおいしそうなてんぷらをねらって屋台のまわりをうろうろしている。『近世職人尽絵詞』には、二本差しの侍がほおかむりをし、顔を隠しててんぷらを買っている図がのっている。てんぷらを下々《しもじも》の者の食うものとして屋台などで食べなかった侍も、江戸の後半ともなると店も多くなり、匂いにこらえかねてといったところだろうか。もう一人の女性は、テイクアウト用に買おうとしているようにも見える。

また山東京伝《さんとうきょうでん》『江戸春一夜千両《えどのはるいちやせんりょう》』(一七八六年〔天明六〕)には、金持の旦那が跡継ぎの息子の力量をためすために、手代から丁稚までを巻き込んで、相当の金子《きんす》を渡し、夕刻から明け方までの期限付きで使い切るように指示する話がのっている。このうち丁稚は、一個四文のさざえのてんぷらを思い切り食べることと、すしを買うことしか思いつかず、笑いをさそう。

こうした例からも、江戸庶民がこれら屋台のてんぷらや、すし、そば、蒲焼などの外食を、いかによく利用していたかがわかる。一方、売り手側はといえば、江戸にいけば何とか食べられると流れてきた近在の人々で、その日稼ぎの貧しい人々であった。

ではこの屋台でてんぷらが誕生したいきさつと、てんぷらという奇妙な名前の料理について考えてみよう。

てんぷらの誕生

「てんぷら」という料理名は、長崎での南蛮料理に由来し、京都を経て江戸に伝わった頃には現在の「てんぷら」が定着したという。今でも京阪以西では関東でいう「さつまあげ」を「てんぷら」といっており、最近は流通機構の発達で商品のネーミングが地方性を失い、東京の食品売り場のさつまあげも「○○天」と主材料の名前をかぶせて売っていたりする。

このてんぷらの語源だが、ポルトガル語の「テンペラ」説、オランダ語の「テンポラ」説、その他中国渡来説、はたまた「あぶら」説（「天麩羅」は「あぶら」とも読める）と諸説ふんぷん。なかでもエピソードとして面白いのは、有名な山東京山《きょうざん》の『蜘蛛《くも》の糸巻《いとまき》』（一八四六年（弘化三））に「天ぷらのはじまり」と題して述べられている、兄の京伝が名前をつけたという「いわれ」である。それを次に紹介しよう。

天明の初年、大坂にて家僕二、三人も仕《つか》ふ商人の次男、至情《しじよう》（相思相愛）の歌妓《かぎ》（芸者）をつれて、江戸へ逃げ来り、余が住みし同街の裏にすみ、名を利介とて、朝夕出入《でいり》しけるに、或る時亡兄《なきあに》（京伝）いふやう、大坂にてつけあげといふ物、江戸にては胡麻揚《ごまあげ》とて辻うりあれど、いまだ魚肉あげ物は見えず。うまきものなれば、是を夜見世の辻売にせばやと（しょうと）おもふ。先生いかん（どうおもうか）。兄曰、そはよき思ひつきなり。まづ試むべしとて、俄《にわか》にてうじさせける（つくらせる）に、いかにも美味なれば、はやく売るべしとすゝめけるに、利介曰、是を夜見世にうらんに、そのあんどんに、魚の胡麻揚としるすは、なにとやらん物遠し（なんともつまらない）。語声もあしゝ（語呂もわるい）。先生名をつけてたまはれと云ひけるに、亡兄すこし考へ、天麩羅と書きて見せければ、利介ふしんの顔にて、てんぷらとはいかなるいはれにやといふ。

亡兄うちゑみつつ、足下《そこもと》は今天竺《てんじく》浪人（住所不定の浪人）なり、ふらりと江戸へ来りて売り始める物ゆゑ、てんぷらなり。天は天竺のてん、即ち揚ぐるなり。ぷらに麩羅の二字を用ひたるは、小麦の粉《こ》のうす物（水で薄めた物）をかくるといふ義なりと、戯《たわむ》れいひければ、利介も洒落《しゃれ》たる男ゆゑ、天竺浪人のぷらつきゆゑ、てんぷらは面白しとよろこび、見世を出だす時、あんどんを持ち来りて、字をこひける故（書いて欲しいと頼むので）、亡兄余に字を書かしめ給へり。こは己れ十二、三頃にて今より六十年の昔なり。今は天麩羅の名も文字も、海内《かいだい》（天下）に流伝すれども、亡兄京伝翁が名付親にて、予が天麩羅の行燈《あんどん》を書きはじめ、利介が売り弘めしとは知る人あるべからず。

（『日本随筆大成』第二期7、一九七四年、吉川弘文館）

また京山は『北越雪譜《ほくえつせつぷ》』（初編奥付一八三六年〔天保七〕）の中でもこの話を越後の小千谷《おぢや》

で著者鈴木《すずき》牧之《ぼくし》に語っている。

てんぷらの語源

この話は『守貞謾稿』にも引用されている。一つ四銭で毎夜売り切れたてんぷらは、一月もたたないうちにこれを売る夜店が増えたという。京山の住んでいた京橋は、魚河岸のあった日本橋に近く、江戸でも一番繁華なところであった。大坂からの天竺浪人もなんなく隣人として迎え入れる、人情あふれる下町生活がうかがわれる。そしてそれははからずも、江戸と地方との文化交流が、町人同士でもおこなわれていたことを意味している。大坂の「つけあげ」は、かくして江戸の屋台での「天麩羅」となり、屋台で最初にてんぷらの商売をしたのは上方人の利助（利介）というわけである。

てんぷらは、現在はまったく日常的な料理であるため、日本料理の揚げ物の代表として異論はないが、京伝が名づけた「天麩羅」は「あぶら」とも読めるのである。といっても、京伝ほどの戯作者ともなると、すでに存在していた「てんぷら」ということばも字も情報として知っていた可能性も高く、京伝名づけ説はじつはあやしいといわざるをえない。

ところで、江戸では野菜揚げは「あげもの」「胡麻あげ」といい、魚に限って「てんぷら」と呼んでいた。その魚も新鮮さが重視され、江戸前の魚と結びついて発達し、お座敷てんぷらを経て、高級料亭での料理に昇格していく。

てんぷらというおもしろい料理名は南蛮料理由来説が有力であるが、これといって特定できるところまではいっていない。

食文化研究者の平田萬里遠氏は、「てんぷら」の語源をまず、一八八四年（明治一七）、言語学者の大槻文彦《おおつきふみひこ》博士が「語気ト形状トヲ考フルニ、洋語ナルヘシ。或云、斯班牙《スペイン》語「Templo（寺）ノ料理ノ意ナラムト。何レモ牽強《けんきょう》ナルヘシ」（「外来語源考」『学藝志林』）として、南蛮料理から来たものであることを示唆しているとする。

さらに、『大言海』では「Tempora・天主教ニテ、金曜日ノ祭ノ名」説があり、くわえて幕末の喜多村筠庭《きたむらいんてい》『嬉遊笑覧《きゆうしようらん》』（一八三〇年〔文政一三〕）には「およそ菓子にても何にても沙糖のすり蜜を衣にかくるをてんふらといふ。蛮語なるへし」とあって、南蛮菓子職人の技術語であると記載されているとする。その後、ポルトガル語 Tempero 説も出現し、中国語源説にも言及した上で、平田氏はポルトガル語説を穏当と分析している（『週刊朝日百科「世界の食べもの」日本編⑳』、一九八二年、朝日新聞社）。

そこで筆者は『日葡辞書』（一九七三年、勉誠社）を引いてみたが、「てんぷら」は記載されておらず、調味する Temperar、調え味《あじわ》う Tempera とある。最近の関連書を通見すると、オランダ語説が多いようである。ただ、先の京伝の「天竺浪人と小麦粉の麩と羅のうすもの」という説には奇妙な説得力がある。

さて、水の豊富な我が国では煮物が発達し、揚げ物は渡来文化の影響が大きいといわれているが、そのあたりを見てみることにしよう。

油料理はどこから

油は単位重量当たりの熱量が高く、味覚に風味や丸みをあたえるため、多くの料理にもちいられている。日本での栽培植物としては、胡麻《ごま》・荏胡麻《えごま》・榧《かや》・菜種《なたね》などが料理用・灯明用また髪用に使用されていたが、じっさいには料理用は非常に少なく、日本料理全体としては、水を媒体にした「煮る料理」が発展した。

しかし、油料理がなかったわけではなく、奈良時代には寺社で胡麻油が唐菓子《からくだもの》などの製造に使われており、春日大社などの神饌《しんせん》には今も当時の内容が綿々と伝えられている。たとえば「ぶと」は、うるち米を粉にし、水を加えて蒸して搗《つ》く工程を経たあと、練り上げた生地を麺棒《めんぼう》で伸ばし、ピロシキのように形作り、胡麻油で揚げるものである。一人前に作れるようになるには三年かかるといわれている（上田正昭監修『〔秘儀開封〕春日大社』、一九九五年、角川書店）。

けれども、油の生産が主に灯明用だったことと生産量が少なかったこともあって、なかなか料理にまで使用するようにはならなかった。

一方、鎌倉・室町時代には、禅宗が中国僧や留学僧によりもたらされ、寺院が建てられ、そこでの料理すなわち精進料理が発達していった。この精進料理は動物性食品を避けるため、植物性の食材が中心となるので、たんぱく質やカロリーがどうしても不足しがちなため、それらを補うための工夫として油や大豆をもちいる料理が発達した。

とくに豆腐の製法が伝わってから、湯葉《ゆば》や豆腐の加工には並々ならぬ努力がはらわれ、それらを利用した料理には感心するものが多い。たとえば豆腐を水抜きして摺《す》り、調味して板のりに貼りつけて焼き、たれをぬって蒲焼仕立てにするものや、堅く乾燥させてから削って汁にいれる六条豆腐などがある。有名なものに高野豆腐（凍《し》み豆腐）もある。

室町時代になると農産物の生産技術も向上し、食用油も油商人の活躍で流通経路が広がり、普及するようになっていく。そして安土桃山時代に入ると、南蛮文化がプラスされて、ますます我が国の料理の幅が広がり、揚げ物料理や焼き菓子などの製法も伝わり、普及していく。外来の動物性食品をもちいた料理の影響も、徐々に日本料理に入ってくるのである。

てんぷらの高級料理化

江戸時代になると、一部の特権階級の人々のものだった料理が、やがて一般庶民のたくましい生活のなかに入りこんで熟成し、なかでも揚げ物料理の代表がてんぷらということになる。庶民が広範に買い食いができるようになった背景には、素材の入手が容易になったという事情があった。菜種油や胡麻油の生産量が増え、醬油・砂糖などの使用とあいまって食用油の使用はひろがっていったのである。

ただし、どんな油がどのようにもちいられたか、使ったあとの油はどうなったかなどの疑問は、今後解明すべき課題として残っている。砂糖や味醂《みりん》についても、その使用方法については、料理書のように記述されているものはともかく、庶民の間での調理法はよくわからないことが多い。味醂は甘いアルコールなので飲用にもちいたともいわれている。現在の我々が食べているものとはおそらく程遠いものだったのではないか。

江戸での調理素材としての揚げ物の代表に、豆腐を揚げた油揚げ・がんもどき（飛竜頭《ひりょうず》）などが当時すでにあったことを思うと、あくまでも推定の域をでないのだが、屋台での揚げ物屋の油は、料亭や加工商（豆腐屋など）あたりから、安く入手していたのではあるまいか。使用後の油の行方も気になるところである。ただそれにしても、小麦粉を水でといたころもをぼってりとつけたてんぷらは、揚げたてだからこそ食べられたという気もする。

ところで江戸のてんぷらの種《たね》はどんなものかというと、江戸前のあなご、芝海老《しばえび》、こはだ、貝の柱、するめであると『守貞謾稿』にある。下層町人の一時の空腹を満たす、ちょっとおいしい料理が、このような串刺しのてんぷらであった。アメリカのフライドチキンやイギリスのフィッシュ・アンド・チップスも大衆受けしたファストフードであるが、まさしく江戸の屋台てんぷらこそが日本のファストフードであった。イギリスのフィッシュはタラに限るようだが、我がてんぷらは江戸前の魚で種類が多いところがまたいい。

かくしててんぷらは江戸の庶民に受け入れられ、そば屋でもてんぷらそばとして品書きにのるようになる。やがて幕末には料理屋でもお座敷てんぷらとして格上げされ、江戸前の新鮮な魚を売り物に、どんどん高級化していく。揚げ方のこつや材料の吟味も洗練されて、日本料理の代表となっていくのである。

さて次には、もう一つのファストフード、にぎりずしについて見ていくことにしよう。

3　すし――「押す」から「握る」へ

すしの日本史

米を主食とする民族として、我々日本人は非常に多くの米料理を工夫し、栄養的にも重要な食品として扱ってきた。江戸時代の武士の働きを石高《こくだか》で表していたことからも、いかに米が重要であったかがわかる。

米の種類は、インディカ米とジャポニカ米に大きく分かれるが、この二種類の大きな違いは、食感が前者はパラパラ、後者は粘るところにある。日本では後者を栽培し、ジャポニカ米のうるち種ともち種の文化を築いてきた。

今日これほど国際化した食事内容になっても、食べる量こそ減少したけれど、日本人は米からは離れられそうもない。最近の若い人々の間でも、「おにぎり」「すし」は人気がある。コンビニや駅の売店は、江戸時代の屋台さながらといえよう。

なかでも「すし」は、歴史的にたいへん古いものであるが、江戸で誕生した、はやずし・にぎりずしは一世を風靡《ふうび》し、今や外国でも大もてなのである。これもジャポニカ米でなければ「おにぎり」「おむすび」にはとてもならないのだから、「にぎりずし」の誕生もジャポニカゆえということになる。江戸時代には浅草のりのように、紙すきの技術を応用してできた板のりが現れ、米との組み合わせでさらに日本的な巻きずしをもあわせて生み出した。

江戸も後半になると「すし」といえば「にぎりずし」であった。しかし、「すし」のルーツは稲の伝播《でんぱ》とともにやってきた「なれずし」で、魚の保存のために考案された料理、というより加工品である。起源としては東南アジアであるといわれている。

現在の日本に残る「なれずし」は、滋賀県琵琶湖の鮒《ふな》ずしが有名である。これは、魚のごはん漬けといったもので、飯の乳酸醱酵《はっこう》を巧みに利用し、これによって酸味のついた魚を保存食として食用にしていた。もちいる魚は内臓を除去し、強塩《ごうじお》にして身をしめ、塩抜きをしてから、この魚と塩を加えた飯とを樽に交互に押え込んで漬けていく。魚肉はたんぱく質が変性し旨味《うまみ》が増したものになる。

この場合あくまでも魚が主役で、醱酵して酸っぱくなった飯は脇役である。というのも、漬け込み期間が小鮒で約三ヵ月、大きいものでは一年くらい、古いものほどよいとされ、古漬けともなると五年などというのもあるため、飯はどろどろになって食べられない状態になるからである。

この「鮒ずし」はかなりの臭気がする。この臭みは、食べなれない者にはどうもあまりなじめないが、好きな人にはそれがいいようだ。近年琵琶湖の鮒そのものの漁獲量が減少し、生産者の後継者問題もあって深刻だという。

以前NHKテレビで、中国の鮒のなれずしの、なんと三五年漬けたものを紹介していた。塩びきの鮭《さけ》の味がすると、試食をした東京農業大学名誉教授の小泉武夫氏は語っていた。中国の水の質がこのような長期間の魚の保存を可能にしているという。

我が国での「すし」の記録は、奈良時代の『養老令』（七一八年〔養老二〕）までさかのぼる。どんなものかというと、あわびずし、いがい（ムール貝）ずし、雑鮓である。また平安時代の『延喜式』（九六七年〔康保四〕）には、すしの貢納として一〇種類以上のなれずしがあげられている。

やがて室町時代になると「生《なま》なれずし」がつくられる。これは開き魚に塩味つきの飯をつめて、二週間から一ヵ月漬け込むもので、飯も魚と一緒に食べる。

この漬け込み期間が、魚の種類や漬け込む条件によって三〜四日とだんだん短くなっていく。そして飯と魚、または飯と野菜の組み合わせで作られていくうちに、いつしか飯を主役とする食べ物に変わっていった。

江戸時代になると京坂の箱ずし、すなわち押しずしが江戸へ下り、さらに早く作ろうということで、飯に酢と塩を加えて味つけしてしまう手法が考案され、「はやずし」「当座ずし」

として発展する。それでもなお一日くらいはそのままにおいて、飯と具をなれさせたものであった。

ではファストフードの「にぎりずし」はどのような登場の仕方をしたのだろうか。

にぎりずしの誕生

江戸時代前半の「すし」は、室町以来の「生なれずし」であった。すしに対する愛着はかなり深く、徳川将軍家に献上する物の中にもすしがあり、文化年間（一八〇四～一八一八年）には一二名の大名の名があげられている。その中でも岐阜長良川の鮎ずしは有名である（『日本の味覚　すし――グルメの歴史学』一九九二年、岐阜市歴史博物館）。

三田村《みたむら》鳶魚《えんぎょ》の『娯楽の江戸　江戸の食生活』によれば、宝暦（一七五一～一七六四年）頃まですしは料理屋で注文を受けてつくっており、振り売りはなかったという。さらに同書は、その宝暦の頃、和州の下市《しもいち》（現在の奈良県吉野郡下市町）から釣瓶《つるべ》鮨《ずし》が江戸に店を出してから「はやずし」（後述）になり、天明（一七八一～一七八九年）の頃、往来の屋台店でさまざまな食べ物が売られるようになってからすしが盛んになったと記している。

庶民たちの江戸の「すし」が、どのようにして売られていたかを絵図でみていくと、まずは「桶漬け」から始まって「箱漬け」「箱ずし」「押しずし」「にぎりずし」や「いなりずし」と変遷し、歩き売りから屋台売り、さらに江戸も後半になると店を構えるようになっていく。

それらのうち、箱づめしたすしを重ねて売り歩くすし売りの絵図を見ると、五〜一〇段重ねの箱を肩にかついで売っている。しかし、やがてにぎりずしが屋台で売られるようになると、そちらにお株を奪われてしまう。

鮓魚の記述にあった「はやずし」というのは、それまで早くても二〜三日かけていた押しずしを、どうしたらもっと早く作れるかと考えた時に、いっそ飯に酢をまぜてしまおうということになったのである。これはおそらく自然発生的におきたのだと思われるが、延宝（一六七三〜一六八一年）の頃、松本善甫《まつもとよしいち》という人物が発案したという説がある。

ついでにいえば、最近の市販されている漬物が、時間をかけた醗酵独特の香り・味によらず、前処理として塩漬けし、さらに塩出ししたあと調味液にパックして、運搬中に味をなれさせるという話をきくと、「はやずし」の発想も合点が行く。まさに、箱に詰めて押す時間も待っておれず、さらに早くということで解決したのが一八二〇年（文政三）前後に生まれたとされる「にぎりずし」であって、酢で調味した飯に、味つけした江戸前の魚をのせてにぎることになった。

このことは、なんらかのかたちでなれさせる時間が必要であったそれまでの「すし」の概念を、根底から崩すもので、画期的なことであった。「おじゃれ」（二、三日後にいらっしゃい）も「まちゃれ」（数時間待ちなさい）もなく、すぐできて、すぐ食べられる。しかも、一口サイズでいろいろな種類の中から選べ、食べる人の好み・量を調節することもできる。

さらににぎりずしのすし飯は、酢味の調味をしただけのものである。のせる具も味つきとはいえ、材料そのものがずばりわかるということが、利点といえば利点である。しかも作る側からしても、箱や押しの道具にしばられずに作れるという利点もあった。

先の広重描く「東都名所高輪廿六夜待遊興之図」（カバー画参照）にもすし屋の屋台が描かれており、売り手の握っている手つきはなかなかのものである。人々の熱気の中での買い食いは、一味も二味もおいしさを増しているように思われる。それにしてもこの絵を見ていると、雑踏の喧噪が聞こえてくるような気がしはしまいか。

余談になるが、筆者は初詣《はつもうで》に亀戸《かめいど》天神（東京都江東区）に出かける年があるが、境内の屋台店をかこむ人ごみを見て、江戸の人たちと変わらない興奮を味わっているような気がする。――もちろん売っているものも屋台のしつらえも違ってはいるのだが。そう思って見れば、東京のあちこちの神社や稲荷《いなり》の境内は、高層ビルに囲まれながらも、そこだけ時間が止まっているような懐かしさが残る不思議な空間であるともいえよう。茶店で甘酒を売っていたり、お菓子やお土産も昔の面影を残しているものが多い。

さて、『守貞謾稿』には、にぎりずしの図が示してある（四〇ページ参照）。そこに添えられた文章によれば、江戸のにぎりずしには鶏卵焼・車海老《くるまえび》・海老そぼろ・白魚・まぐろさしみ・こはだ・あなご甘煮・のり巻きなどがあるという。値段はみな八文で、玉子巻だけが一

八種のにぎりずし
（『守貞謾稿』より）

六文。新生姜《しょうが》の酢漬け、姫蓼《ひめたで》が添えられ、仕切りとして熊笹をかざり切りにしている。京坂では熊笹ではなくハランをもちいる。添え物も紅生姜という梅酢漬けであると、江戸との違いが述べられている。

まぐろは『飛鳥川』によると「昔はまぐろを食《くい》たるを、人に物語するにも耳に寄てひそかに咄《はなし》たるに、今は歴々（身分のある人達）の御料理に出るもおかし」とあり、あまり良い魚としては扱われてこなかったことがわかる。一八三一年（天保二）にまぐろがとれすぎて、それからすしにもちいられるようになったという。その後は、すしといえばまぐろということになり、近代にはいるとトロに高い値段がついて珍重され、そのとろけるようなテクスチャー（口ざわり）に日本人は舌鼓をうつようになった。

次に、江戸で花開いた庶民向けの料理本に、どんなすしがのっているのかを調べることにする。

料理書の中のすし

まず、江戸の一般向け料理本のさきがけである『料理物語』(一六四三年〔寛永二〇〕)には、一夜ずしの仕様として、

鮎《あゆ》をあらひ、めしをつねの塩かげんより、からうして(からくして)、うほ(魚)に入《いれ》、草つと(草の束)につゝみ、庭に火をたき、つとゝもにあぶり、そのうへをこもにて、二、三返まき、かの火をたきたるうへにおき、おもしをつよくかけ候。又、はしらにまき付《つけ》、つよくしめたるもよし。一夜になれ申候。塩魚はならず候(塩漬けの魚ではだめである)。

とある。

この『料理物語』は、それまでの料理流派の専門家を対象にしたものではなく、この一夜ずしの仕様も、万聞書之部《よろずききがきのぶ》の最初にのっているものである。まだ飯に酢や酒をふりかけるものではないが、どうして早く作るかという工夫が、柱に巻きつけるというのであるからすごみを感じる。あぶって温かくして早くなれさせるという発想は、醗酵には温度管理が肝要であることを心得ていたことがわかる。

また、約九〇年後に出版された江戸中期の料理本『料理網目調味抄』（一七三〇年〔享保一五〕）には、

鯛・鱸《すずき》・鯧《まながつお》・鯖《さば》・鯵《あじ》・鰹《かつお》・さわら・にべ・いはし（いわし）・鰤《ぶり》・ます・鮭《さけ》・しいら・鯉・鰻、此分、身《み》取《とり》ても又、平《ひら》につくり、こけら鮓《ずし》にも。鮒・鮎・わたか・はす・はへ・もろこ・おいかハ、此類ハ丸ずし、此類河辺にて鮮《いきたる》をそのまま漬《つけ》れハ、骨柔か也。鮒一夜塩して、其塩を洗、又めしに塩加減して腹にこめ、脇に詰《つめ》て漬るを、生《き》ずしと云。鮒・鯖、骨をぬくへし、鯔《いな》は七寸計成《ばかりなる》を骨をぬき、能洗《よくあらい》、古酒にたふ〳〵と漬、一夜して上《あげ》、魚をかハかし、飯に塩を合せ腹にこめ、粽《ちまき》の笹に巻、桶に双へ（ならべ）、間々へ飯に塩合詰て、押を掛ル。春ハ三四日、夏ハ二日になるゝ（なれずしになる）。

とある。

こけら鮓というのは箱ずしの類で、材料の魚の身を薄く切ってのせるとこけら（木屑）のように見えるためであり、さきの『料理物語』にも鮭のこけらずしの仕様が記載されている。

さらに約七〇年後の『即席料理素人庖丁』（一八〇三年〔享和三〕）には丸ずし、箱ずし、こけらずしなどの作り方が図示されている。すでに述べたように、にぎりずしができたのは一八二〇年（文政三）前後といわれており、前述の料理本はすべてまだ、なれずし、はやずしで

ある。

にぎりずしは酢、醤油、砂糖などの調味料と江戸湾で安く手に入った魚、それに飯をバランスよくしあげることで、上方からきた押しずし、箱ずしと肩をはって商売し、すしといえばにぎりずしを指すまでになった。しかし初期の段階では、行商や屋台での出発であったため、下々《しもじも》の食うものというイメージになったと思われる。

のりまきと茶巾ずし

『名飯部《めいはんぶ》類《るい》』（一八〇二年〔享和二〕）は飯料理を一四九種類もあげ、その製法を記述したものだが、「すし」について「鮓の部」としてこけらずしを筆頭に一三種類、「完魚鮓（丸ずし）の部」に二〇種類、合計三三種類ものすしをあげている。その「鮓の部」の前書きに、

すしは、市中魚店《まちまちさかなや》或は其製《そのしよう》を慣習しまゝ、開店《みせをだし》て世に弘くす。別に書著すへきよしなしといへと、其名目を書いづるまゝに、其法をも記《しる》しぬるは、其事に臨みて鬼忘《おにわすれ》あらんに備えるのみ。

とある。この本の読者層が市中の町人層であることがわかる。内容もさすがに米の扱いにまで言及しているところがあり、現在にも通じて、感心してしまう。二、三紹介しよう。

〈巻すし、又紫菜《のり》まきすしとも〉
浅草紫菜《のり》を板上にひろげて、前（前述の）こけらすしの飯を置、加料《ぐ》（材料）には、鯛・鰒魚《あわび》・椎茸《しいたけ》・野蜀葵《みつば》・紫蘇苗《めしそ》の類を用ひ、堅く巻、巾《ふきん》を水にてしめし、上に覆ひしばらくして切（切る）。

〈茶巾すし〉
鶏卵の殻を去り、黄子《きみ》と白子《しろみ》をわかち、磁器《はち》に貯《いれ》、よく攪澄錬《かきまぜとき》、黄白別々に常のごと、薄焼にし、飯肉《めしぐ》を置、包む事、茶巾もちのごとくす。

現在のすしの名称と同じであるが、作り方をみるとかならずしも同じではないことがわかる。しかし江戸の後半とはいえ、すでにのりまきずしと、茶巾ずしが考案されていたのである。この本の作者は杉野権右衛門という京都の医者である。彼のあたためずしに対するエピソードはなかなか含蓄がある。「あたためずし」の項の大略を紹介しよう。

飯が熱いうちに、こけらずしのように作ってふとんでくるみ、冷たくもなく、熱くもないものを切って供するものをあたためずしという。これはあたためずしという名前が先行して、実際に作ったならば、寒い時期に作ったとしても具が悪くなってとても食べられないだろうと思っていた。ところがある料理人が厳寒の折り、冷たい物を出すわけにもいかないと思い、作ってみたら、これがおいしかった。伝え聞きや常識でおいしいものを腐りものにしてしまってはいけない。

と書いている。「あたためずし」ときいて筆者は「蒸しずし」かと思ったがそうではなく、熱い飯でつくるすしであった。

以上は料理書のすしについて述べた。それでは実際の江戸におけるすしはどうだったのであろうか。

江戸のすし事情

『嬉遊笑覧』の「食ずし」の項を見ると次のようになっている。

一六八七年（貞享四）にすしならびに食ずしが舟町横町近江屋、同所駿河屋とあり、ただ鮓《すし》は数日漬けたものであると読本《よみほん》の『江戸鹿子《えどかのこ》』に記されている。そして『後《のち》はむかし物語』によれば、「おまん鮓」も宝暦（一七五一～一七六四年）の頃からで、京橋、中橋の「おまんがべに」という地名をとっておまん鮓となった。

この頃まではその場でつくる当座ずしを売ることはまれであった。すし売りは丸く浅い桶に古くなった傘の紙を蓋にしたものをいくつも重ね、「鯵のすし」「鯛のすし」などといいながら売りあるいていたが、これらはやはり数日漬けこんだ古ずしである。

寛延（一七四八～一七五一年）頃の絵で、両国橋広小路に鯵ずし売りの出ているところを書いたものに、今の涼み台のようなものを置いてその上ですしを売っており、売る人の側にすし箱と行燈がある。

と記載してある。図を見ると押しずしをケーキのように切って売っているようである。そして最後に『嬉遊笑覧』の著者の筠庭自身が、文化（一八〇四～一八一八年）のはじめ頃、深川六軒堀に「松がずし」ができてから世上すしの風が一変したと述べているので、これはにぎりずしになったことを指しているのではないかと思われる。この「松がずし」は江戸・深川の安宅にあった「いさごずし」の通俗名であるという。一方、歌川国芳《うたがわくによし》描くところの「縞《しま》揃《ぞろい》女弁慶　松が鮓」をみると、当時のにぎりずしのようすがわかる。箱から出して皿に盛ったすしは、押しずしと海老のにぎりずしである（『すし』一九九二年、岐阜市歴史博物館）。

また、屋台のすしの絵図をみてみると、一七八六年（天明六）の『絵本江戸爵《えほんえどすずめ》』は押しずし。一八三〇年（文政一三）の『金儲花盛場《かねもうけはなのさかりば》』はにぎりずし。一八三七年（天保八）の「東都名所高輪廿六夜待遊興之図」はにぎりずし、である。かくして屋台のにぎりずしは庶民の味として人気を博し、片や店構えの「松がずし」や「与兵衛ずし」は高級化していく。

一八六一年（文久元）に書かれた武州忍《おし》藩（現在の埼玉県行田市）の下級武士による『石城《せきじょう》日記』には、彼みずからちらしずしを作っている図が描かれている。

ファストフード的な屋台での「押しずし」や「にぎりずし」と、献上ものの「なれずし」など、さまざまなすしがそれぞれの階層で楽しまれていたのである。くわえていなりずしも売られており、飢饉のときなどおからを詰めたいなりずしも工夫された。

4　そば屋、一、二町ごとに一戸

江戸外食産業の花形

そばを主に麵《めん》状にして食べるようになったのは江戸からといわれ（もっとも古い記録は一五七四年〔天正二〕の『定勝寺文書』といわれている）、それ以前は「そばがき」「そばねり」「そばもち」「そばかゆ」のようにして食べていた。そして麵状にして蒸した「そばきり」を、つゆすなわち猪口《ちょく》にいれたつけ汁で食べる方法は、威勢よく食べるさまとすする音とが江戸っ子に受けたことなどもあり、うどんよりそばが好まれることになった。

だしと醬油の普及で汁の美味を味方に、江戸のそばは蒸籠《せいろ》で蒸した「そばきり」（現在は水でさらして冷たくした「もりそば」になった）から、汁をぶっかけた「ぶっかけ」または「かけそば」が流行した。さらに屋台売り・菓子屋売り・料理屋・専門店と、ピンからキリまでのこしらえ方で商品化され、江戸の外食産業の花形となっていく。

日本の麵類といえばうどん・そばである。現在、関西はうどんで関東はそばというふうに分かれているが、江戸時代にどうやら上方でうどん・そばができ、江戸に下ってはじめはやはりうどんが主流だったものが、比較的早い時期に江戸っ子はうどんよりもそば好きにかわったようだ。

うどんは、小麦粉のグルテンの性質、すなわち伸展性と粘弾性をうまく引き出して麵にすることができる。小麦粉の種類や作り方によりテクスチャーにかなりの違いが出るものであり、作り手の工夫しだいでそれぞれ特徴のある麵を作ることができる。一方そばは、グルテンのような性質を持ち合わせないので、麵にするにはそば粉オンリーではかなりの技術を必要とし、いわゆる「つなぎ」を工夫することによって多種多様の麵にすることができる。

ところで江戸時代のそばはどのようであったのかを見るために、『料理物語』(一六四三年〔寛永二〇〕)「御段《ごだん》の部」に記載されている「蕎麦《そば》切り」について見てみよう。

めしのとりゆ(取り湯)にてこね候て吉《よし》、又は、ぬるまゆにても、又、とうふをすり水にてこね申事もあり、玉をちいさうしてよし。ゆでて湯すくなきはあしく候。にへ(煮え)候てから、いかき(ざる)にてすくひ、ぬるゆの中へいれ、さらりとあらひ、さて、いかきに入、にへゆをかけ、ふたをして、さめぬやうに、又、水けのなきやうにして出してよし。汁は、うどん同、前其上、大こんの汁くはへ吉。はながつほ・おろし・あさつきの類、又からし・わさびもくはへよし。

とあり、重湯《おもゆ》に相当する飯の取り湯や、豆腐をすって水を加えたものをつなぎとしてもちい、また水ではなくぬるま湯を使用している。そば粉が麵になりづらいので、いろいろ工夫していることがわかる。

もっとも『定勝寺文書』一五七四年（天正二）三月十六日には、長野の定勝寺でそばきりを振る舞われたという記載があって、そばきりの最も古い記録とされており、寺料理であったことがわかる。そこで気になるのはどんな汁で食べたのかであるが、うどんと同じとあるので『料理物語』のうどんの項をみると、

粉いかほどうち申候共、塩かげん、夏はしほ一升に水三升入、冬は五升入て、その塩水にてかげんよきほどに、こね、うすにて、よくつかせて、玉よきころに、うつくしく、ひびきめなきやうに（ひびが入らないように）、よく丸め候て、ひつに入、布をしめし、ふたにして、風のひかぬやうにしてをき、一づつ取出し、うちてよし。ゆでかげんは、くひ候て見候。汁はにぬき、又、たれみそよし。胡椒・梅。

「汁はにぬき」「たれみそ」というのは、煮貫、垂れ味噌のことで、煮貫は生垂れにかつおを加えて煎《せん》じこしたものをいう。この生垂れとは、味噌一升に水三升を入れてもみ、袋に入れて垂らしたものである。

垂れ味噌というのは、味噌一升に水三升五合を入れて煎じ、三升まで煮詰めて袋に入れて垂らしたものをいう。なかなか手間のかかるもののように思うが、自家製の味噌をつくると、貯蔵しているうちに醬油状の汁が浮きだしてくる。これは透明度も高く、味も旨味が濃厚でおいしいものである。

この本にはだし汁のことも記載されており、この頃から日本料理の特徴であるかつおだしがもちいられていることがわかる。しかし、まだ一般に普及するまでにはすこし時間が必要であったが、江戸も後半になると醬油やかつお節の普及がすすみ、あっという間に料理屋から、屋台やかつぎ屋台にまで浸透していった。

うどんからそばへ

「けんどん」ということばを『江戸語の辞典』(一九七九年、講談社)でみると、「慳貪」と書き、原義は、己が物を慳《おし》み他の物を貪ること。①つっけんどん。無慈悲。邪険。②汁で煮た餛飩または蕎麦切を盛切《もりきり》にしたもの。けんどん餛飩。けんどん蕎麦切。——とある。

けんどんということばはともかくとして、盛り切りにしてしまい、食べ手の腹具合より、売り手の都合を優先して省力化した代わりに値段を安くしたため、庶民にはなかなか評判がよかったようである。

風習や名称の起源などを記述した随筆で、菊岡沾涼《せんりょう》の『本朝世事談綺《ほんちょうせじだんき》』（一七三四年〔享保一九〕）によると、

江府瀬戸物町信濃屋といふもの、始めてこれをたくむ。そのゝち所々にはやりて、さかい町市川屋、堀江町若菜屋、本町布袋屋、大鋸《おが》町桐屋など、名をあらそふ中に、鈴木町丹波屋与作といふものぞ名高かりしなり。これをけんどんと号《なづ》くるは、独味をして人にあたへざるの心、また給仕もいらず、あいさつするにあらねば、そのさま慳貪なる心、また無造作にして倹約にかなひたりとて、倹飩と書くと云ふ。

「けんどん」と名づけたのは屋台などではなく、店をかまえていた所のようである。ずっと時間が経過し、一九世紀の、柳亭種彦《りゅうていたねひこ》『用捨箱《ようしゃばこ》』下（一八四一年〔天保一二〕）では次のように変わっている。

昔は温飩《うんどん》おこなはれて、温飩のかたはらに蕎麦切りを売、今は蕎麦きり盛《さかん》になりて、其傍《かたわら》に温飩を売。けんどん屋といふは、寛文（一六六一〜一六七三年）中よりあれども、

> 蕎麦屋といふは享保（一七一六〜一七三六年）の頃までも無。

どうやらうどんが主流だったのに、そばきりが江戸っ子には受けて、うどんよりもそばとなっていった。そしてそば屋のそばについては、『皇都《こうと》午《ご》睡《すい》』（西沢《にしざわ》一鳳《いっぽう》、一八五〇年〔嘉永三〕）をみると、そばに二種あって、それはカケとモリで、カケというのはぶっ掛《かけ》そばであり、モリは小青楼の猪口にだしをつぎ出すものをいう、とある。そのうちの「かけ」が、屋台、二八そばや夜鷹《よたか》そば、風鈴そばとして流行する。

その日暮らしの長屋住まいの人々は、屋台などを利用していたが、少し裕福な町人になると、買い食いはいやしい者のすることととらえる風がおこったりする。反対に店を構えてのそば屋は、お酒と組ませて商売をして、人々の束の間の楽しみをそばと酒で提供していく。

そばがきとそばきり

もう一つ、『旧　観帖《きゅうかんちょう》』三編（感和《かんわ》亭鬼武《ていおにたけ》、一八〇九年〔文化六〕）を紹介しよう。角書《つのがき》に「有喜世《うきよ》物《もの》真《ま》似《ね》」とある本で、江戸版『いじわるばあさん』といった、なかなかおもしろい滑稽本である。六〇歳になろうというばばが、若い甥と二人連れで奥州から江戸見物にやってくる。両国の川開きの花火を見物した帰りに、騒動に巻き込まれ、通りへ出ていた「二八蕎麦」とかかれた行燈の大看板の中に、ばばが飛び込んで行燈をひきずりまわし、そばやの出前持ち（かつぎ）がびっくりしていう図中のせりふ。

「コウとんだこつた。あんどんからばアさんが産《うま》れたア。二八の中から出るから娘なら聞こえたが。ハ、ア二八は八々六十四か。そりやアいゝが。……」

（看板を台無しにしたばばの一行はそばやで食べることになる）

「かけにしてもらひやせうかね」

「何めいめい現金に払ふがよからず」

「いんね（いいや）。蕎麦を盛《もり》か。ぶつかけかと聞事サ」

ということになる。

まず二八そばについてであるが、二八の一六で一六文、つまり値段であるとする説と、いやいやそうではなくて、小麦粉二に対してそば粉が八の割合で打ったそばのことだとする説とがある。どちらも、それぞれの解釈で名がついたとしているので混乱している。このことについては、どうやら値段説に軍配があがりそうなのだが、ここではとりあげないことにしよう。

また『嬉遊笑覧』巻一〇上（飲食）の「そば」の項を見ると、次のような内容が書かれている。

そばきりは甲州から始まった。天目山《てんもくざん》へ参詣が多かった時に、地元の人たちが参詣の人に食事を出そうとしても米や麦がすくなく、思案のすえ、そばをねって旅籠《はたご》をやりくりした。その後うどんの作り方を知ってから、今のそばきりが考案されたと信州の人たちは述べている。そばきりは最近のことであって、その昔はそばがきだけであった。『昔々物語』に、寛文四年には、けんとんそばきりというものができて、下々が買って食べているが、貴人は食べるものではなかった。これも近年はお歴々も食べるようになり、けっこうな座敷へ上って食べるので、「大名けんとん」として出すようになった。

メニューも多様化

『嬉遊笑覧』の成立は、一八三〇年（文政一三）。この頃になると、身分には関係なくそばがよく食べられていることがわかる。そしてそば屋のメニューも多様化していく。江戸末期の『守貞謾稿』（一八五三年〈嘉永六〉）によると、江戸のそば屋は毎町ごとに一戸あり、そばの値段について従来は二八（一六文）、後に二四文云々とある。種類をみると、

御膳大蒸籠　四八文（大盛り蒸しそば）
そば　一六文（ふつうのそば）

あんかけうどん　一六文
あられそば　二四文（貝柱〔ばか貝〕をのせたもの）
てんぷらそば　三二文（芝えびのてんぷらをのせたもの）
花巻そば　二四文（浅草のりをかけたもの）
しっぽくそば　二四文（卵焼き、蒲鉾《かまぼこ》、椎茸《しいたけ》、くわいなどをのせたもの）
玉子とじ　三二文
上酒一合　四〇文

このようにそばは、醬油やかつお節の発達により、汁物としての食べ物のなかでとくに人気を呼び、店構えから立ち売りまで、さまざまな形で江戸の人々に育まれていったといえよう。寒空の夜遊び帰りにするそばから、ふつうの食事としてのそばまで、現在のラーメンとよく似ている。

さて、てんぷら・にぎりずし・そばと述べてきたが、もうひとつ忘れてならないものが鰻の蒲焼《かばやき》である。

鰻の蒲焼

「蒲」という字をもちいる食品の代表は、蒲鉾と蒲焼ということになろう。蒲《がま》というのは食用にならない植物であるが、特有なその穂のかたちから、食品の名前につけられたわけである。蒲鉾と蒲焼は共通点がないようであるが、もとをたどると、串にさして焼いたところからきているという。

蒲鉾は、魚のすり身を串にまいて焼くもので、ちくわ状のものから、板に半月状に盛り上げて蒸すものに変化していった。この蒲鉾は、江戸ではなくてはならぬ加工食品となる。すり鉢の普及とともに発達した食品で、大奥での食事づくりにも蒲鉾をつくる専門の料理人が配されている。料理本にも多用されているものの一つである。

一方、蒲焼は、鰻そのものをさばいて焼くもので、調理操作としては比較的単純なものであるといえるが、鰻のぬめりゆえにさばくのは一苦労である。簡単に筒切りにするか、または長いまま棒にさして焼くことは、初期段階で当然おこなわれていたことは想像にかたくない。焼けてこんがりと焦げたさまは、まさに蒲の穂状である。骨が堅いので食べやすくするために開いて焼くようになり、現在の蒲焼となった。醬油や砂糖が身近になってからの誕生である。

『万葉集』中の鰻の和歌といえば、かの有名な大伴家持《おおとものやかもち》の作品、

石麻呂《いわまろ》に　われ物申す　夏痩《や》せに　よしと言ふものぞ　鰻漁《むなぎと》り食《め》せ

がある。

鰻のようなぬるりとした魚を、古代西洋でも珍重して食していた。また、八目鰻《やつめうなぎ》が夜盲症（鳥目）によいこともわかっており、日本では夏ばてに鰻がよいとされている。最近、魚の油がクローズアップされているが、健康食としても栄養学的にかなっている。ビタミンAやB、Eなどのビタミン群に加えて、油脂にはDHA（ドコサヘキサエン酸）が多く、老化を防ぐ効果があるというから、けっこうな食品といえるが、養殖ものがでまわっている昨今、少々食傷気味で、ありがたみがいまひとつといったところは否めない。

ところで江戸では、大坂のように腹開きにしたり、ごはんに埋めることはせず、たれを濃くしてごはんの上にのせ、鰻飯にした。脂の多い鰻を関西では腹開きにしてそのまま焼くが、江戸では背開きにして一度蒸してから焼いている。

江戸前の鰻といって、各地でとれる鰻のなかでも、江戸湾のものは最高であると自慢したものである。「江戸前」といえば鰻のことでもあった。ちなみに浅草川や深川産が珍重されたとか。

『近世職人尽絵詞』の鰻の蒲焼屋は、「江戸前大蒲焼」の看板をだしている。夫婦で店を取り仕切っており、亭主が鰻をさき、女房が焼き手をして呼吸ぴったりといったところである。女房のせりふ、

「わらはがもとにては旅てふ物は候はず、皆江戸前の筋にて候」

とある。江戸前以外の「旅鰻」は自慢にならないのであった。そして詞書《ことばがき》には、「鰻はうまきに相通なり。かばやき（蒲焼）はかわよき（香者能）の相通なり。中にも、みや戸川（隅田川）より出るをめでて江戸前といひ、ゐざか屋（居酒屋）はいさかひと語音響きたれば、しばしば諍《いさ》かひあり。皆卑賤の俠者也。これを江戸前の人と号《なづけ》て鱣に反せり」とあり、詞《ことば》あそびといってしまえばそれまでだが、なかなか機知に富んでいておもしろく、江戸の人々の笑いが聞こえてきそうである。それにしても食材が天然物であるからどれほどおいしかったことだろう。

本書でしばしば登場するこの『近世職人尽絵詞』は、鍬形蕙斎《くわがたけいさい》（北尾政美《まさよし》、一七六四〜一八二四年）筆で、詞書は四方赤良《よものあから》（大田蜀山人《おおたしょくさんじん》）、手柄岡持《てがらのおかもち》（平沢平格《へいかく》）、山東京伝の三人が書いたものである。

外国と日本のファストフード

以上、江戸のファストフードの代表となるてんぷら、にぎりずし、そば、鰻の蒲焼について述べてきた。これらが盛んになるのは天明期（一七八一〜一七八九年）以降といわれている。庶民がそれなりに力をもち、封建制度の中でも比較的自由な気風になった頃に、さまざまなジャンルの文化が発達し、そんななかで外食文化もまた栄えたのであった。

庶民の食べ物を売る屋台は、盛り場や大通り、また神社仏閣の祭礼、花見や月見のような遊興などで、人々が集まるところに発達した。路上での買い食いは、多くの人が行き交うにぎわいのなかで可能となった。武家や大商人や町屋の人々は、買い食いはいやしい輩《やから》のすることとして、外出するときは弁当持参だったり、仕出しを頼むという方法をとっていた。

ところで、一九七一年、わが国にファストフードとしてのハンバーガー店が、アメリカから上陸したときのことを思いおこしていただきたい。オリンピックを契機に、日本が経済的に急成長していたときのことであった。それまではハレの場で無礼講と称して路上で食べ歩いたりすることはあっても、日常の場でそれをおこなうと顰蹙《ひんしゅく》ものであった。しかし自由な若者たちは積極的にそれを日常にとり入れ、今や特別おかしいことでもなくなっている。

江戸時代の屋台でのファストフードも、はじめは祭礼など特別な時の人出の多いところから始まったが、江戸も後半になると多くの繁華な場所では常設となり、日常化していった。てんぷら、にぎりずし、そば、鰻の蒲焼、おでんなど、屋台売りから店を構えてのものまで、さまざまな売り方があった。

なかでも揚げ物としてのてんぷらは、イギリスのフィッシュ・アンド・チップスやアメリカのフライドチキンなどと同じく、気軽に食べられ、安いうえに満足感をえられるため、東西の庶民に受けいれられていておもしろい。

にぎりずしは、江戸の活気あふれる忙しさが生んだ、日本独特の食べ物として誇れるものであろう。魚の新鮮さと飯のうまさが酸味にマッチしてすばらしい食べ物になったが、江戸の庶民のにぎりずしもやがて高級化の道をたどる。

そばも、麺状のそばきりとして食べるようになったのは江戸でのことであった。路上でのそば屋は風鈴そばとか夜鷹そばといわれ、丼に入れて汁をかけたもので、ファストフードとしてふさわしい。店を構えてのそば屋は酒を添えて盛りや掛け、さらにはてんぷらや霰《あられ》などの具も工夫し、より美味なものにしていった。

こうして江戸の後半には、日常の食材を購入しなければならなかった庶民の台所事情がさまざまの食べ物商売を育て、そのことがまた新しい食べ物を生んで、人々の旺盛な食欲を充たしていったのである。

次の章では、このように外食が大きく発展した江戸と江戸の味が、どのようにして作られていったのかを探ることにしたい。

第二章　江戸の味の誕生

1　江戸百万都市

江戸という名前

江戸は、現在の日本の中心地東京の前身であり、徳川幕府開府を契機として栄え、四〇〇年を経た今なお、政治・文化の中心地として、名称こそ変わったものの健在である。そのうち江戸時代二百六十余年という長い年月を追ってみると、武士の町として生まれた江戸が、戦《いくさ》のないままに、封建制度の中にありながらも、しだいに庶民に主導権をゆずりわたしていくさまが読み取れる。

では家康以前の江戸はどうだったのだろうか。『世界大百科事典』（一九六四年、平凡社）をみると、「江戸という名称は《吾妻鏡》治承4年（1180）10月の条に、江戸太郎重長というこの地在住の豪族の名が記されているのが初見であるといわれる。1337年（建武4）の《円覚寺文書》に武蔵国江戸郷と見える。城下町としての江戸の起原は、室町時代中

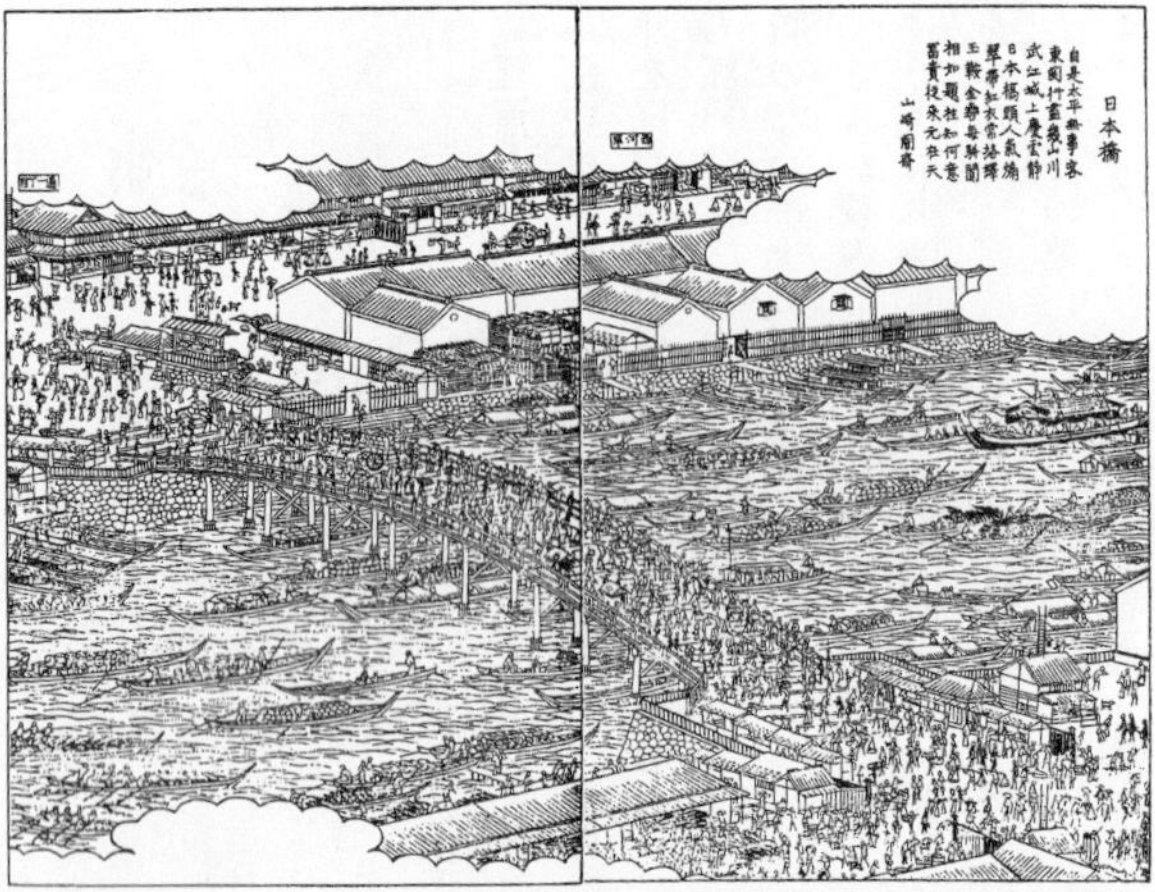

日本橋のにぎわい。手前の魚河岸では魚を荷揚げ（『江戸名所図会』より）

期の1457年（長禄1）に扇谷《おうぎがやつ》上杉氏の老臣太田《おおた》道灌《どうかん》が江戸城を築いた時にはじまる」とある。

一五九〇年（天正一八）八月一日、徳川家康は江戸城に入り、一六〇三年（慶長八）に征夷大将軍となって江戸幕府を開府した。そして一八六七年（慶応三）一〇月、徳川慶喜が政権を朝廷に奉還するまでの二六〇年余、江戸の徳川政権時代が続いたのである。

江戸は伝統ある京都や奈良と違って、ひなびた寒村といった風情の田舎町に、突然天下の中心地を移した新興都市であった。北島正元『江戸時代』（一九五八年、岩波新書）には、

太田道灌に開発された江戸宿が、後

北条氏の手をへて徳川氏の城下町となり、領内の商工業を統制する拠点となった。後北条の部将遠山氏のいた城は玄関に舟板三、四枚をならべただけというみすぼらしいものであったが、家康はしばらくそのままで使った。町といっても大手門の外がわにかやぶきの家が一〇〇軒ほどもならび、城の東の平地は一面、潮の入るかや原で、いまの日比谷の交叉点あたりから南は江戸湾が入りこみ、その磯辺には千代田・宝田・祝田などの漁村が散在し、浅草観音の附近では潮の香高いのりがとれ、海上では鯨がゆうゆうと泳いでいたという。

とある。

すなわち江戸湾と、それに沿う五つの台地とその下に広がる湿地帯とを望む江戸の地へ、家康は新しい都市を夢見て移ってきたと思われる。そしてさっそくに「鳴くまで待とうほととぎす」の遠大な計画を胸に秘めて都市造りにかかっている。

まずは水路の確保、掘割を隅田《すみだ》川まで右まわりのかたつむりの形に掘り、生活物資の供給をはかっている。当時の行徳《ぎょうとく》（現・千葉県市川市）は塩の生産地として栄えていたので、小《お》名木《なぎ》川の運河を開いて、塩の確保を確実にしている。戦国時代の武将ならではの戦略を手堅くひとつひとつ実現していくのである。それを手始めとして、江戸の町の物資の輸送は陸よりも水路を通しておこなわれたため、さながらイタリアのヴェネチアのごとき観があった。

水都江戸といわれるゆえんである。

江戸にはすべてが集まる

そしてもうひとつは、五街道を中心に全国にまたがっての道路整備をしている。これは大名の参勤交代をスムースにすることになり、結果的に地方同士の文化交流を促進するとともに、江戸への一極集中を招来させ、江戸が名実ともに天下の中心都市として栄華をきわめる重要な原因となった。

この参勤交代は、一六三五年（寛永一二）の「武家諸法度」で制度化されている。家康は一六一六年（元和二）四月に没しているので、制度化されたときにはすでにいなかったわけだが、戦国時代から「証人提出」といって戦の勝者に妻子を差し出し、配下になった証《あかし》とするしきたりはすでにおこなわれていたので、それを制度化したものであった。

徳川幕府は諸大名に対し、江戸に大名屋敷としての領地を与え、妻子を住まわせ、参勤交代という形で諸大名に一年在府、一年在国を義務づけた。関東の譜代《ふだい》大名は半年交代とし、松前《まつまえ》氏（蝦夷）は六年一勤、宗《そう》氏（対馬）は三年一勤などの特例ももうけたが、その外の全国の外様《とざま》・譜代大名は、いやでも毎年江戸と地方を移動することになった。

なお、大名というのは、江戸時代では知行一万石以上の諸侯・幕臣のことであり、譜代は関ヶ原の戦いの前から徳川氏に仕えていた者、外様は関ヶ原以降に仕えた者のことである。

参勤交代には従者数もきめられており、大名の出費は莫大《ばくだい》なものとなり、経済的にも幕府に刃向かう資力をけずられていったのである。「御触書寛保集成《おふれがきかんぽうしゅうせい》」より作成した東京都江戸東京博物館資料によれば、二〇万石以上ともなると馬上一五から二〇騎、足軽一二〇から一三〇人、中間人足二五〇から三〇〇人ときめられており、合計で三八五から四五〇人ということになる（一七二一年〈享保六〉）。

一八二七年（文政一〇）の加賀藩の参勤交代は、総人数一九六九人という大きなものであった。盛岡藩の場合で一一泊一二日または一二泊一三日かかり、鳥取藩ともなると二一泊二二日かかっている。

これらの人々の移動はおのずと日本の地域文化の交流をもたらし、江戸にはすべてが集まるというしくみになった。これらの大名は上屋敷・中屋敷・下屋敷を幕府から拝領し、それらが江戸城を取り囲むように建てられ、その総数約六〇〇、総面積は約一二〇〇万坪であったといわれている。

巨大都市の胃袋

江戸時代中期以降になると江戸の人口は一〇〇万人の大台にのったとされ、ロンドンの七〇万人をしのぐ世界の大都市であった。そして大名や武士の住居地は江戸の六〇〜七〇％を占め、寺社地が一五％、残りの二〇％前後に五十余万人の町人がすんでいたという。

その江戸百万都市の胃袋を充たすために、食の分野ではさまざまな方法が工夫されていた。武家地では余裕もあって自家農園なども作っていたようだが、下級武士や庶民層では土地がなくて自分で作物を作れないため、すべて誰かから購入しなければならなかった。

そのために路地まで籠をかついで売り歩く商売がなりたった。また、表通りの店をかまえての商売は、初期の段階では上方《かみがた》から商人が集まり、上方の支店の寄りあいの様相が強かった。やがて陸路の険しい山越えや川越えにくわえて、海上ルートからの輸送が発達し、醤油・油・酒などは「下り物」という名の上方からくる商品に依存していた。江戸時代の大坂は主な商品の集散地で江戸が一番のお得意先であった。

文化年間に出版された『飛鳥川』には、当時のようすが記述されているが、その中から食に関するものをひろってみると、

「昔花火、ほうづき、うで栗（茹で栗）、付木《つけぎ》（火をおこすのに使う）、奈良うちわ抔《など》、子供の商《あきない》也、あみ笠をかぶり、歌舞伎役者の紋所を付歩《あるき》しが、今はなし。近来は前後の捧手振肴野菜抔売、力身《りきみ》廻るもおかし」

「同所（両国広小路）に五十嵐兵庫といふ鬢付店《びんづけや》有。古見世也。銅瓦葺也。いくよ餅小松屋喜兵衛是も古見世也。我等幼少の時も其通也」

「野菜商ひ、昔は荷籠の上に角《かく》なる箱を置、細かなる青物をかざり歩行しが、今はなし。冬《とう》

瓜《がん》のたち売（切り売り）は近来の思ひ付也。余り気のきゝたるか」

「浅草真乳山《まつちやま》の聖天山《しょうてんさん》、号を金竜山《きんりゅうざん》といふ。金竜山の門前に米《よね》饅頭あり。名物也。我等が幼少の時までは有たるやうに覚ゆる」

「両国広小路に昔朝々菜の市出る。然る処近年は広小路へ一円野菜持出し、其外塩もの類塩出しをして色々出る。又料理に直《すぐ》に遣《つか》ふ様に切割《きりわり》をして出すも有。見物事《みものこと》也」

「日本橋より用事たるといふ紫蘇《しそ》の穂も、三月より出るは珍らしき事也。里芋も七月半《なかば》ならでは出ぬ物が、近年は六月初《はじめ》より出る。万事我先にする世中《よのなか》なり」

「豆腐屋は朝七ツ時より仕込をして、朝飯の間に合様にしたるが、近年は宵越の豆腐を朝売りに出る」

「昔くだりぎやうせん、小《ちいさ》き桶に入提《さげ》て歩行く。其後、家台《やたい》見世の様にしてけづりぎやうせんと云。右の家台其後は、煮肴にしめ菓子の類、四文屋とて両国は一面、柳原より芝までつゞき大造なる事也。其外煮売茶屋、両国ばかりに何軒といふ数をしらず。王子堀の内牛島辺へも美肴おほく仕込めば、自ら諸色高直になり、軽き者無益に遣ひ過し、不益なる事なり」

なお、ぎょうせんは凝煎と書き、『江戸語の辞典』に「安永四年・物類称呼四『畿内にて、しるあめといふ（略）関東にて、水あめ又ぎやうせんと云、水あめは、ぎやうせんよりもゆるし（略）江戸にては、下りともいふ』」とある。

「からあさり、昔は春計り売歩行たるが、今は年中売事となる」
「昔はまぐろを食たるを、人に物語するにも耳に寄てひそかに咄《はなし》たるに、今は歴々（身分のある人達）の御料理に出るもおかし」
「昔に違ひし上余りおかしきは、たゝき納豆は七月より出る」
「薩摩芋は享保、元文の頃までは、見たる人も稀也。新場の肴問屋青木文蔵功能申上世上に弘まる」

青木文蔵は青木昆陽のことで、召し抱えられて儒者として有名になる。薩摩芋は焼芋として江戸庶民の冬の食べ物として定着する。飢饉《ききん》にも役立ち大いに推奨《すいしよう》されたものである。

両国広小路は江戸でも有数の繁華な所であった。江戸には公共的な明地《あきち》として会所地《かいしよち》、河《か》岸端《しばた》、広小路、火除地などがあった。河岸は荷揚げ地として商品の受け渡し場や倉庫や市場などが集まり、広小路や火除地は、本来火事の延焼を食い止める空地として幕府が土地を没収して広場にしたものであるが、人々は目ざとく葦簾《よしず》などで囲いを作って簡単な商売をはじめ、そこに人が集まってすなわち盛り場となっていった。

野菜をすぐ使えるように切って売るなど、昨今のカット野菜さながらでおもしろい。また作り手の方も、時期はずれの食品を少しでも高く売ろうとしているが、和紙で囲って炭火をたいて温室をつくり、促成栽培をしている。

ところで、庶民の味である屋台や、露天商の煮売りには、当然のことながら調味料が使われていた。その中でもっとも重要であった醬油は、下り物を駆逐しつつ、やがて関東醬油が根づいていくが、酒は最後まで上方主流であった。それでは江戸のファストフードとしてのてんぷらやにぎりずし、そば、鰻の蒲焼に欠かせない調味料であった醬油・砂糖・だし・酒について、どのような発展をしたのかを順に見ていくことにしよう。

2　食欲をそそる醬油と砂糖

日本料理から醬油をとったら

日本料理に欠かせない調味料の筆頭は醬油である。「醬」は「ひしお」と読み、食材を塩漬けにして醱酵させたもので、高温多湿な東アジアで作られている醱酵食品である。同様のものとして、古代ローマにもガルムがあったが消滅している。もっともアンチョビーは健在で、いろいろなソースベースに利用されている。

日本の場合、魚を塩漬けにしたものが魚醬《ぎょしょう》で、縄文時代にすでに作られていたといわれている。大漁のときの魚の保存法としては、まず干すことが考えられるが、湿度が高い時期ではそれもままならず、その代わりに塩で漬けるというすばらしい知恵が生まれた。そして穀類、野菜、果物と、さまざまな塩漬けの醱酵食品が作られていく。『料理物語』のうどん・

そばつゆは、煮貫《にぬき》か垂れ味噌であったことは第一章のそばの節で述べた。

我々が現在、いろいろな食物を食材そのままで食べることはごく限られており、だいたいが味をつけて調理されている。その調味料といえば、塩・醬油・砂糖・酢・酒・みりん・味噌があげられ、各種ソース類がプラスされている。

江戸時代初期の調味料の主流は味噌であったが、これが奈良時代にまでさかのぼると、塩・酢・酒・醬《ひしお》であり、土師器《はじき》の小皿に、それぞれを添えて食卓で調味していた。ただし、これらは国賓《こくひん》級の接待料理の場合であって、一般には塩をもちいていたと考えられている。この時の醬は現在の醬油というよりむしろ、どろっとした醱酵品と思われる。

奈良時代に中国から穀醬《こくびしお》・豆醬《まめびしお》などが移入され、我が国独特の調味料である味噌や醬油に発展していった。中国にも味噌や醬油はあるが、味はご存知の読者もおいでのように、かなりちがったものであり、東アジア一帯でそれぞれ独特の醱酵調味料が使われている。

特徴的なのは魚醬であり、我が国では「いしる」や「しょっつる」があげられるほか、ベトナムの「ニョクマム」、タイの「ナンプラ」、フィリピンの「パティス」、インドネシアの「トラシ」、カンボジアの「プラホック」などがあげられる。これらはその国の料理の味つけを特徴づける代表的な調味料である。

醬油は、我が国の料理からこれをとってしまうと、何が残るかと思うくらいになくてはならない調味料である。そしてその我が国の醬油は、味噌を原点としている。すなわち豆醬の一種である「径山寺《きんざんじ》（金山寺）みそ」を、鎌倉時代に法燈国師覚心《かくしん》が中国からその製法を覚えてきて、紀州の湯浅でつくり、やがて桶の底にたまった汁の利用が醤油のはじまりとなっていく。

自家製の味噌をつくってみるとわかるのだが、時間をかけると茶色く透んだ汁ができ、旨《うま》味《み》をもったおいしいものである。これを見ると、味噌と醤油が近縁関係にあることが納得できる。いわゆる「たまり」であって、旨味の少ない野菜の煮物などに利用すると格段に味が向上し、当時の人々は「これはうまい」と感じたにちがいない。

やがて安土桃山時代の末期になると、『易林本節用集《せつようしゅう》』に「醬油」という文字が出現する。「油」というのは絞りだした液体を意味し、ひしおのしぼり汁と解釈できる。江戸時代の料理本『料理物語』に「生たれ」「垂れ味噌」が出てくるので、おそらく味噌に水を加えて濾《こ》したようなものであったろうと推測されている。関西を中心に醬油の製造がなされ、小豆島《しょうどしま》（現・香川県小豆郡《しょうずぐん》）や龍野（現・兵庫県たつの市）が有名な生産地となっていく。

淡口と濃口

江戸時代に入っても、これら上方の醬油が大坂、堺から、航路で「下り醬油」として大量に江戸に運びこまれていた。元禄時代になると、上方の醬油の職人が江戸での醬油造りに貢献し、関東醬油が常陸《ひたち》・下総《しもうさ》・下野《しもつけ》・相模《さがみ》などで作られていく。そして下総の野田《のだ》と銚子《ちょうし》が関東醬油すなわち濃口《こいくち》醬油をひろめ、関西醬油である淡口《うすくち》醬油は駆逐されていった。

野田は、飯田市郎兵衛が戦国時代にすでに醬油を造って、武田勢に納めたといわれているが、江戸時代になって茂木・高梨の二家が醬油と味噌の製造をはじめ、関西物に負けないものを製造するようになった。大正時代に二家が合同して「野田醬油株式会社」にし、一九六四年に社名を「キッコーマン醬油株式会社」、一九八〇年「キッコーマン株式会社」として国際的にも市場を開拓し、今や醬油は「ソイソース」として世界にひろまった。

一方、銚子は海路を通じて紀州、摂州と江戸時代に深い結びつきができた。ヤマサは紀州湯浅の流れをくみ、紀州から移住した浜口儀兵衛の創業であり、ヒゲタは摂州西宮の指導を受け、地元の田中玄蕃《げんば》の創業である。盛んになった背景としては、大豆や麦の生産が関東平野で可能だったことがあげられる。

調味料全体を考えると、塩の重要性はもちろんであるが、江戸時代には日本中、ことに庶民層にも醬油がいきわたり、食生活の内容を数段豊かなものにしていったことは特筆すべきことである。そのうえ砂糖という甘い調味料が加わり、食の分野は江戸時代に急速な進歩を遂げ、寺社の門前に桜餅などが売られるようになり、蒲焼のように醬油と砂糖の混合によって、食欲をそそる匂いをあたりにただよわせるということになった。

貴重品だった砂糖

一七二七年、徳川吉宗は甘蔗《かんしょ》（さとうきび）の苗を琉球からとりよせて、諸藩に分けて製糖技術の伝播《でんぱ》につとめている。「あまい」は旨《うま》いにも通じ、生後間もない赤ん坊でも、甘い汁に対しては非常に気持ちのよさそうな安心した表情を示す。これはエネルギー摂取の本能的な生理反応であると解釈されている。したがって「あまい」という味に対して人間はいろいろと探求し、自然物の果物や蜂蜜や蔓《つる》性の植物などからこれを得ていた。

日本でも、たとえば渋柿を干すと甘くなることを利用し、それを調理にもちいたりもしているが、日本における甘味料の筆頭はなんと言っても清少納言の『枕草子』にも夏の食べ物として登場する削り氷と組み合わせる甘葛《あまずら》である。古代の人々は、この蔓性の植物甘葛から抽出された液を精製して、甘味料を作っていたと考えられる。その技術は何工程にもわたり、古代人の知恵と工夫に感心させられる。

砂糖の利用はこれよりおそい。中国から鑑真和上《がんじんわじょう》が失明しながらも来朝した話は有名であるが、その土産物品の中に砂糖が入っていた。しかし、この場合の砂糖は薬品としてのものであり、食品とは考えられていない。やがて調味料としての砂糖が中国や南蛮貿易を通して入ってくると、調味料や菓子に多用されはじめる。しかし江戸時代までは国産化はうまくいかず、輸入品に頼っていたので、とても庶民の口には入らなかったものである。

この砂糖をなんとか国産化しようとしたのが先に述べた将軍吉宗の時代で、四国は讃岐《さぬき》で成功し、現在も和三盆《わさんぼん》としてその軽く口溶けする甘みは誰にも愛されている。甘蔗は南の暑い地方の産物であるが、もとはニューギニアを原産地とする植物で、高位に属する人々や豪商などは、砂糖の生産拡大の中で洗練された和菓子を賞味することができたが、庶民階級に属する人々は、精製度の低い黒砂糖をもっぱら使用していた。そこで生まれたのが雑菓子《ざつがし》であり、近代になって駄菓子と称された。

こうして生産量のふえた砂糖と、先の醬油との組み合わせで日本の味が作り上げられていくことになる。この二つの調味料を使ううえで欠かせないものに「だし」がある。つぎに日本料理の基本中の基本である「だし」について、これがどのように発展してきたのかを見てみよう。

世界一堅い食品「かつお節」

「鰹《かつお》」という魚は古くは「堅魚」(『古事記』)と書き、奈良時代には税の対象として鰹の加工品がおさめられていた。現在のあの堅い木のようなかつお節は、江戸の中期に作られるようになったもので、それまでは加熱(煮る)してから干した乾物であった。「なまり」の乾燥品を思えばよいわけであるが、ともかく旨味は抜群で、古代の人々もそのおいしさを知っていたのである。

さてこの堅い堅いかつお節は、魚肉を煮熟してからいぶして充分に乾燥させ、黴《かび》つけをして水分を一四～一六%にしたものである。煮熟して表面の水分をとっただけの物が「なまり」である。天日乾燥《てんぴ》ではなく、薪を燃やして煙でいぶす、すなわち薫製《くんせい》にすると、香りもよく保存もよくなるということを利用してかつお節を作ったのは、紀州熊野浦の漁師・甚太郎であるといわれている。時期は一六七四年（延宝二）、土佐の宇佐の浦でのことであったという。

微生物の利用は、まかり間違えると腐敗して使い物にならなくなるにもかかわらず、古来から酒を筆頭にさまざまな醗酵食品が造られてきている。かつお節を黴つけという方法で乾燥させることは、菌糸《きんし》が中心部までのびて水分を吸いだし、脂ののった鰹の身から、脂を酸《さん》敗《ぱい》させることなく分解するので、まったくもって理にかなっている。これを削って抽出した液を料理に利用することで、我々の食卓はどんなに幸せになっているかと思うと、先人の知恵にただただ感服する。

仏教思想の影響で、肉食をタブー視してきた民族としては、動物性のこの核酸の味は貴重である。くわえて、こんぶという海藻の旨味をミックスさせ、相乗効果がえられる旨味の極致にまでいたったのである。付言するとこの醬油、実は江戸時代に長崎からオランダ人を通して、陶器の壺に入れられてすでにヨーロッパに輸出されていた。壺は白い陶器で「JAPANSCHZOYA」とオランダ語で書かれていた。

現在、醬油はすんなりとヨーロッパに受け入れられ、ちょっとした町のスーパーにふらりと入って調味料の棚を見ると、「ソイソース」またはそのまま「しょうゆ」として納まっているのをみてびっくりするが、じつは、歴史的にとても古くから輸出されていたものなのである。ビフテキに醬油とからしがとても合うという人がいたが、醬油の旨味は醬油以外のものを使わずに、肉、魚、野菜などどんな食材にもうまく合うということである。味噌とちがって香りも外国人に受け入れられているようである。

3　下り酒、年百万樽

甘口から辛口へ

幕府が開かれた初期の段階の江戸は、河川の流れを変えたり、湿地帯を埋め立てたりと、新興都市にふさわしく活気あふれる町であった。そしてほとんど上方からの文化を移入することで、「武都」としての格を作ろうと必死であった。労働者である下層町人は、毎日の食事を確保することに精一杯で、狭い長屋にひしめきあっていた。単身で出稼ぎにきていた男性が多く、一日の疲労回復に酒の力を借りた者も多かったといえる。

一方、江戸人口の半分を占めていた武士のなかでも、お留守居役といわれる身分の者は、諸大名との交流を通じて情報を得ることがお家安泰につながったため、コミュニケーションを必要とし、饗応《きょうおう》による酒宴によってその責務を果たすことが多かった。

武士も町人も、他人といかに上手く交際できるかによって生きることが楽しくもなり、つまらなくもなった。まして長屋暮らしは羽目板一枚で、プライバシーはどうであったか想像がつこうというものである。こうした彼らにとって、酒は大切な飲み物であったろう。

このような人々が飲んだ酒は、どんなものだったのだろうか。

そもそも酒といえば、京都の貴族たちに好まれた柳屋の柳酒、梅屋の梅酒に、僧坊酒といわれ寺院で造られた大坂の天野酒、奈良の奈良酒などがあり、これらは室町時代から安土桃山時代にかけて造られていた。寺院での諸白《もろはく》酒が寺院の衰退で造られなくなると、やがて近《おう》江《み》、和泉《いずみ》、摂津《せっつ》、備後《びんご》などの地方に技術が伝播していき、いろいろな酒が名をなしていく。

江戸時代初期では、「南都諸白」といわれた奈良僧坊酒が徳川幕府の御用酒であり、江戸下り酒としての代表酒であった。こうじの量が多いこの酒は、濃厚で甘い酒であったであろうと考えられている。

一方、摂津の鴻池《こうのいけ》で、戦国武将山中鹿之介（幸盛）の次男新六が酒造りを始め、姓も鴻池と改め、一五九九年（慶長四）に江戸に生諸白を鴻池酒として送り出した。江戸の初期の下り物輸送は、海上輸送ではなく陸上輸送であったから、馬の背中でゆられながら運ばれた。四斗樽《しとだる》を馬の背の両側に吊り下げて運んだことから、後に「一駄」は四斗樽二つを指すようになったといわれている。

生諸白は濁り酒を澄ませたもので、粗相《そそう》をしてとがめられた下男が、辞める腹いせに木灰を酒樽に投げ込んでいったところ酒が澄んだ、というエピソードは有名である。また、池田、伊丹も鴻池に次いで江戸に下り酒を送りだした。伊丹酒は一七四〇年（元文五）に将軍家の御膳酒に取り立てられ、鴻池を凌駕《りょうが》している。この頃になると酒の味も洗練され、水分が多くなり、甘さが消えた辛口となっていく。

関東地回り酒成功せず

一方、寛永年間（一六二四〜一六四四年）に室町時代中頃からの名醸地西宮に伊丹の雑喉《ざこ》屋《や》文右衛門が諸白を造り始め、灘五郷《なだごごう》のもととなった。一七〇二年（元禄一五）には徳川幕府公式記録に西宮酒と記されている。京都は古さゆえにかたくなによその酒を受け入れなかったので、海岸線に広がった灘五郷は、江戸百万都市用の酒を作り出す主生産地となっていく。一七九二年（寛政四）には、灘五郷を含む摂津と和泉で下り酒の八割を占めていたといわれる。

江戸で飲まれた酒は、初期の陸上輸送に代わってはるばると樽廻船《たるかいせん》で運ばれた杉樽の香りを含んだ灘酒であって、関八州の地回り酒はついに日の目をみず、最後まで酒といえば「下り酒」であった。醬油は地回りが成功したのに、なぜか酒だけはうまくいかなかった。水と技術、人と、どうやら三拍子がそろわなかったということらしい。

それでも幕府は、関西に金が流出するのを防ぎたいという思いから、下り酒を制限したり、地回り酒の御免上酒制度を立案したがうまく事が進まなかった。

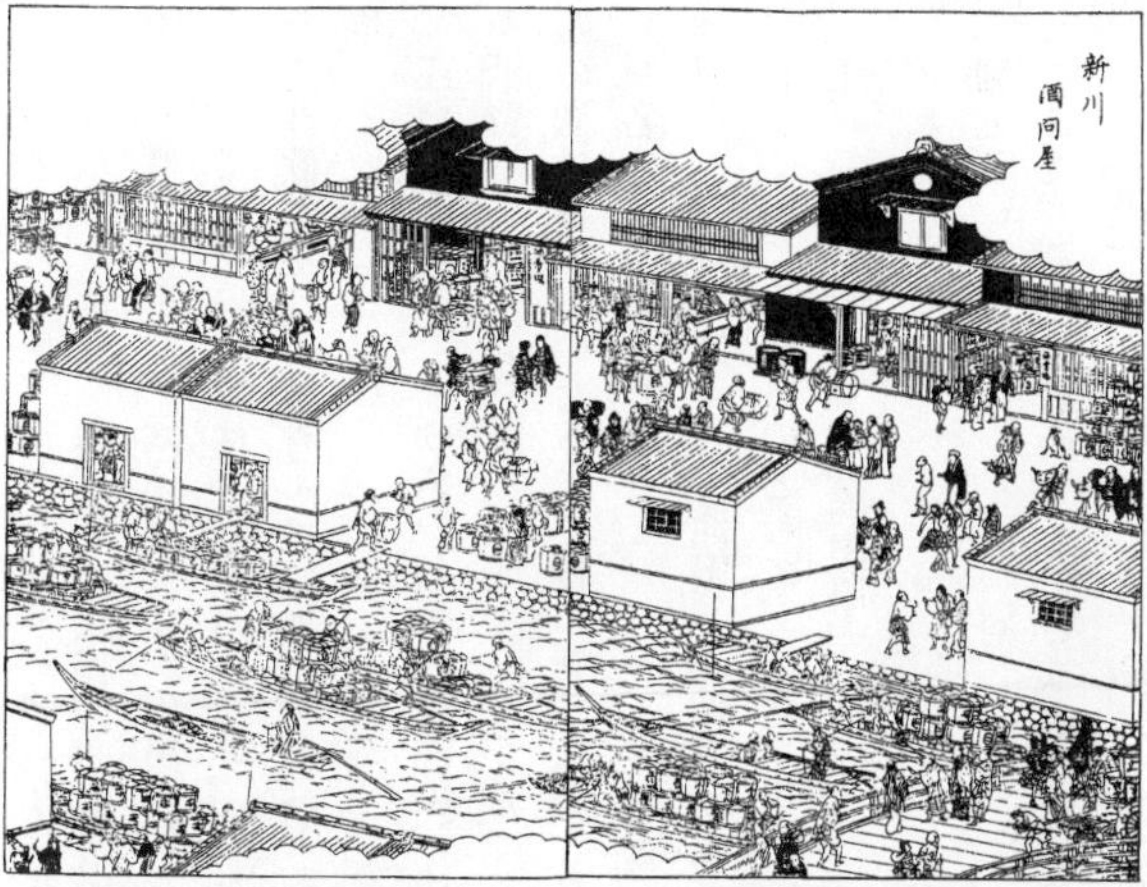

上方からの酒樽を酒問屋に運び込む（『江戸名所図会』より）

寛政期の松平定信の企画した関東における酒造りについては、『江戸の酒』（吉田元、一九九七年、朝日新聞社）に詳細が報告されている。

一八〇六年（文化三）に「酒造勝手造り令」が出されて自由競争時代になると、一八一七年（文化一四）には下り酒が一〇〇万樽を越えたという。もちろんそのほかに地回りの酒も庶民相手には流通していたのだから、武士や僧侶の飲料として破格の量が飲まれていたことになる。

関東地回りの酒は、武蔵、常陸、下総、鬼怒川筋と荒川筋などで、一六九八年（元禄一一）頃の醸造戸数は関東沿辺で三六三六戸、醸造米の量が七万九七二一石、一方、畿内の近辺が四三六〇戸で一八万八三一八石であって、三対七ぐらいの比であった。飲酒量については、一七〇二年三月七日、江戸下り酒問屋「入津見込書上」によると、一六九八年には「凡《およそ》酒三十万駄程、此樽数六十万樽」、三年後で「凡十六万駄程、此樽数三十二万樽」とあり、元禄期の江戸の町人口を三五万三〇〇〇人ぐらいとすると、武家人口をくわえて江戸の人口は七〇万人ぐらい。これで酒の樽数を割ると一人当たり、年半樽、つまり二斗飲んだ（芳賀登・吉原健一郎「《対談》江戸の酒事情」『酒文化研究』四、一九九四年）ということになる。

江戸で飲まれた下り酒の名産地は池田、伊丹で、灘の酒が銘酒となるのは、百万都市江戸を消費地にした売り込みに成功してからである。水のよさや酒の醸造技術などの諸条件で、西の酒は現在にいたるまで日本酒の代表となっている。

酒名の代表例をあげると、

伊丹「刃菱（剣菱）」、池田「満願寺」など。

川柳に出てくるものとして、伊丹「男山」「七つ梅」「花筏」「八重桜」など。

江戸の地酒として、「隅田川」「宮戸川」「都鳥」「瀧水」「亀代住」「このきみ」など。

酒と茶

ここで、酒をはじめとしてさまざまな庶民の食べ物が出てくる『東海道中膝栗毛』（一八〇二〜一八二二年〔享和二〜文政五〕）の旅立ちの前のひとこまを次に抜粋しよう。弥次・

喜多たち庶民の暮らしの酒を垣間見ることができる。

〈道中膝栗毛発端〉

「江戸前の魚の美味に。豊嶋屋の剣菱。明樽《あきだる》はいくつとなく。長屋の手水桶《ちょうずおけ》に配り。終に有金を呑なくし」

「其日ぐらしにつき米の当座買ひ。たたき納豆あさりのむきみ。居ながら呼込で喰てしまへば。びた銭壱文も残らぬ身代」

「おちよま『モシおかみさんへ。御無心ながら。醬油《したぢ》がすこしあらば。どふぞかしておくんなせへ』」

「弥次『おふつ茶はわいてあるか』。ふつ『ヲヤおめへ酒斗《ばかり》で。おまんまはまだかへ』。弥次『しれてあることさ。居酒屋へはよつたが。居飯屋へはよらなんだ』」

「弥次『時に飯にしよう。なんぞ菜はねへか』。おふつ『さつきのむき身殼汁さ』。弥次『ナニ抜身がくはれるものか。しかしこいつも。きらずとあればきづけへなしだ』ト此内日もくれたるにあんどうをともし、弥次郎ちやづけをくひかゝる時」

「兵五『……まづ祝つて冷酒でなりと盃を』……トはやおけの中から一升とくりにまぐろのさしみをとりいだしまづのみかけてゐる所へあひながやのものもだん〳〵大さかもりとなり酒もあとからかひたしてのこらずなまゑひと」

魚、酒、米、納豆、あさり、茶、きらず、まぐろがこの短い会話のなかに出てくる食品である。これらは「長屋暮らし階級」の人々が食べていた日常食ということになる。きらずはおからのことである。豆腐はよく食べられており、『豆腐百珍《とうふひやくちん》』という料理本が一七八二年(天明二)に出版されると、続編が出るというぐらいに人気を博した。ついでながら、当時の江戸の豆腐は今の四〜五倍くらい大きいものであったという。豆腐はもともと中国からの渡来品であるが、中国の豆腐はかたく、日本ではどんどん水分を多くした柔らかいものになっていった。ここでも日本の水質の良さが立証される。

豆腐と同様に江戸の庶民にも普及した日本酒は、大量に消費されたこと、また、それを供給した上方での努力とによって大きく花開いたといえる。それはまた酒とともに食する料理の向上にもつながった。その一方では同じ嗜好《しこう》飲料として、煎茶《せんちゃ》も江戸の日常の生活に少しずつ浸透していった。

4　江戸庶民の食べ物ベストテン

そばと日本酒

江戸が世界に冠たる百万都市のにぎわいになった頃、外食文化が花開き、庶民が気軽に口にできる食べ物が数々生まれた。もしこの江戸の代表的な物一〇種を選ぶとすると、まず第一章で述べたてんぷら、二八そば、にぎりずし、鰻の蒲焼があげられよう。そのほかに柳川《やながわ》鍋、ようかんに、初物食いの代表初鰹をいれなければならないだろう。これで七つ、続いてちょっと一休みして食べる茶屋の名物、奈良茶飯。最後に佃煮《つくだに》と浅草のりをあげて一〇種としたい。もちろん以上はあくまでも筆者の独断であるが、これらと庶民とのかかわりを、ここでまとめて述べてみよう。

参勤交代で武家長屋住まいの武士や、長屋住まいの町人たちは、食材を振り売りから購入したり、外食することで食生活を送っていた。食事に不自由する単身赴任者、腹一杯に食べることのできない住みこみの丁稚《でっち》奉公者などが、屋台などでの買い食いを楽しみ、その結果、すぐに食べられる雑炊や煮豆などの煮売り商売が繁盛した。

江戸でのてんぷらは魚の衣揚げで、江戸前の魚を串にさして、揚げたてを油の匂いとともに一串四文でその場で食べるように売っている。少し気位が高い家になると外食はいけないことになっており、横目でみながら我慢々々であった。

すしも前章で述べたが、「すし」そのものの歴史は古く、「なれずし」にまでさかのぼる。それが江戸っ子のニーズに合わせるべく、「はやずし」を経て「にぎりずし」が江戸で誕生した。将軍家には元来のなれずしが献上されており、上流階級の人々の口にはにぎりずしは届かず、中流階層でも「早なれ」といって箱ずしが配達されている。

江戸前の魚のにぎりずしは、関東での醬油の生産が軌道に乗り、濃口醬油の普及とも重なって流行した。ちなみに、油揚げのすしであるいなりずしは名古屋が発祥地であるが、江戸で流行したものである。現在のいなりずしの大きさよりもかなり細長かったとみえ、一本一六文、一切れ四文といって切り売りをしている。

上方ではそばよりもうどんが主流になったが、江戸はそば粉が信州や甲州からかんたんに入手できたこともあって、うどんよりそばが流行する。江戸時代以前のそばはもっぱら「そばがき」であったが、江戸で「そばきり」となり、粋な江戸っ子は通ぶって、汁をあまりつけずに一気にすすって食べる。汁がおいしいのであの食べ方は筆者にはあわないが、読者のみなさんはいかがであろうか。たしかにそばそのものを味わうには、汁は少しでないといけないのかもしれないが。

ところでそばは日本酒と相性がよく、江戸のそば屋の品書きには酒が一緒にのっていた。現在でも、全国の主な銘酒をそろえているのを看板にしているそば屋があるが、江戸時代から続いていると思うと、江戸が近く感じられるものである。

二八そばの二八の意味についてはすでに述べたが、店を構えず屋台での商売も多かった。とくに夜、風鈴を鳴らしながら移動したそば屋はこんろやつゆ、器《うつわ》をもってのことで、さぞかし大変だったことであろう。

かかあを質においても

『守貞謾稿』（一八五三年〈嘉永六〉）は、「江戸ハ鮓店甚ダ多ク毎町一、二戸、蕎麦屋一、二町ニ一戸アリ」と述べており、また「万延元年（一八六〇）、蕎麦高価ノコトニ係リ、江戸府内蕎麦店会合ス。其戸数三千七百六十三店。蓋《けだし》夜商、俗ニ云ヨタカソバヤハ除ク」というから、江戸っ子のそば好きがよくわかる。

ようかんは中国渡来の食物で、初め蒸し物として広まったが、砂糖の生産が国産化されたことで砂糖と寒天をもちいた練ようかんを、寛政（一七八九～一八〇一年）の頃日本橋本町四丁目の御用御菓子所紅谷志津摩が作りはじめたと、喜多村筠庭の『嬉遊笑覧』にある。

一方、山東京山の『蜘蛛《くも》の糸巻《いとまき》』（一八四六年〈弘化三〉）によれば、やはり寛政初年に喜太郎が、日本橋に小店を開き売り出したとある。かくしてようかんはさまざまな工夫が重ねられ、我が国独特の和菓子の代表となった。

初鰹は、江戸の中期に、鰹の初物を食べることを江戸っ子の心意気とする風潮があり、有名となった。大枚《たいまい》をはたいて初鰹を手に入れてふるまい、自慢することが人々の美意識をくすぐり、満足感を与えたが、「嬶《かか》アを質においても初がつおを食う」というのはもちろん冗談にしてもいきすぎであろう。もっとも質屋でもうけつけないが。

柳川鍋はどじょう料理の代表であるが、泥臭いどじょうとごぼうと卵の組み合わせがマッチして成立した。下地の醤油・酒・砂糖が普及した文政（一八一八～一八三〇年）のはじ

奈良茶飯屋・河崎万年屋の図（『江戸名所図会』より）

め、この料理を作って売り出した店が「柳川」という店であったと、『守貞謾稿』にある。

奈良茶飯は、一六五七年の明暦の大火で江戸が焼け野原になった後、浅草の金竜山《きんりゅうさん》（待乳《まっち》山《やま》）の門前の茶店が、上方の茶飯の出し方をまねて始めた。いわゆる一膳飯で茶飯に豆腐汁、煮豆（座禅豆）、煮しめを添えたものであった。

各所に広まって、河崎（現・神奈川県川崎市）の万年屋のにぎわいは絵図に残っており、当時のようすがよく描かれている（『江戸名所図会』）。こうした茶店は、やがて料理屋に発展していく。

隅田川とテムズ川

佃煮は寛永年間（一六二四～一六四四

年）、摂津国佃村の漁民が幕府に招かれて江戸に移住し、白魚漁をして将軍に献上した。移住した場所を佃島と名づけ、漁であまった魚を日本橋の魚市場へおろしたり、自家の保存食として小魚を醬油で煮込み、後世では砂糖も使用した。この甘からい魚の保存食が「佃煮」として売られ、ひろまった。

隅田川は、当時大川といわれたりしていたが、白魚がとれたというからきわめて水質のよい川であったことがわかる。その頃のロンドンのテムズ川はひどい悪臭になやまされていたという。日本の大密集地を流れる隅田川がきれいであった理由は、排泄物をリサイクルしていたからにほかならない。

江戸のように人口が密集していたところでの排泄物いわゆる下肥をどう処理していたのかを南和夫氏の『江戸っ子の世界』（講談社現代新書、一九八〇年）より抜粋しよう。

　江戸の家守（大家）は、地主や家持から給料を受け、貸地や貸家を管理した。その家守の名称は主として公称であって、市中では俗に大家とよばれることが多かった。

　大家の収入の多くは下掃除代であったという。つまり店借人の排泄する糞尿の代金である。糞尿は近郊農村にとって、農作物の重要な肥料として不可欠であった。

　文久二年（一八六二）度の調査によると、江戸町方中の一年間の糞尿代金の総額は、金四万九五〇三両となっている。当時の家守総数は一万五五〇六人であったから、家守一人当たりの糞尿代金は、一年金三両余に当たる。かなりの収入といえよう。
滝沢馬琴の日記によると、彼は下肥汲取りの謝礼として、その家に住んでいる一五歳以上の者一人につき、一年に大根五〇本、茄子五〇個の割合で提供を受ける約束であった。
云々

このように江戸近郊の農家は、水路を使って野菜を船に積んで売りさばき、帰りは「下肥」を積んで帰り、肥料としたのである。いわゆる有機栽培である。排泄物の運搬も水路を利用したことが多く、道路で人目につくこともなく、非常にスムースにいったようである。リサイクルできないゴミは江戸湾の埋め立てに使ったという。

さいごに、庶民の食べ物として普及していたのり巻きずしの「浅草のり」は『毛吹草《けふきぐさ》』（一六三八年〔寛永一五〕）に「下総国　葛西苔《のり》是を浅草苔とも云ふ」とある。生のりを、紙すきの技法を使って干しのりにする方法が考案されたのは江戸でのことで、時期としては元禄期（一六八八〜一七〇四年）といわれている。この紙すきがじっさいに浅草でおこなわれていたために浅草のりといわれたという説もある。

江戸の食べ物の傑作はまだまだあるが、これらを見ていくと、人々の旺盛な生活の工夫に感心させられる。売り方にしても、ただものを並べて売るものから、客寄せのために曲芸まがいのことをしているものもある。たとえば粟餅《あわもち》売りの場合、葦簾《よしず》張りの小屋がけで、「飛び団子」といって指の間から丸めた団子を放り投げて器《うつわ》に受けるものや、からくり人形をつかって人々の関心をひいた商売などさまざまである。

江戸の町はそもそも徳川政権を中心にひらけた城下町で、はじめこそ武士の町として戦になっても大丈夫なように考えられて造られていったが、徳川氏が完全に権力を掌握してからは、消費都市として町人の町になっていった。士農工商という身分制度は健在でありながら、江戸は商人と庶民が主導権を得ていった町といってよい。

そして日本全国からの人々が入り乱れ、情報が飛び交うなかで、生き抜くための知恵が結集された町であり、江戸にいけば食うには困らないという期待をもたせるほど、大都市としての機能をそなえていた。それでも火事のような人災から、地震や火山の噴火、旱魃《かんばつ》や冷害のような天災、疫病《えきびょう》の流行などは、現在とは想像もつかない頻度で起こっていたわけで、鎖国政策によって外国からの侵略などからは安泰であったかもしれないが、常に死と隣り合わせの生活であったことを忘れてはならないと思う。

それにしても、家康の武将としての都市造りの上に、三代将軍家光の頃にほぼ都市としての基盤がつくられたことが、後世の繁栄、ひいては食文化の豊かな発展につながった。

食物商人、六一六五軒

『寛天見聞記《かんてんけんぶんき》』は、寛政（一七八九～一八〇一年）から天保（一八三〇～一八四四年）の頃の世上に批判を加えながら、当時の庶民のようすを記載しているものである。残念ながら筆者は不明である。後述する有名なグルメ料理店「八百善」の茶漬けの話はこの本を根拠としている。

また同書によれば、一八〇六年（文化三）当時の食物商人は、およそ六一六五軒もあったという。この数字は、「文化三年四月（文化三年三月四日也）、芝高輪より出火して南風はげしく、浅草本願寺誓願寺迄焼けたり、此時市中へ御触《おふれ》有りて、食物の商人とも、町年寄役所へ増減書出すべしとの事にて」とある触書きからのものである。この調べは文政（一八一八～一八三〇年）の頃まで続いて、その後はおこなわれなくなったという。また、江戸も中期のこの時代には、町人たちの生活が贅沢《ぜいたく》になったと批判している。食についての部分を抜粋してみよう。

其頃煎茶の事流行して、客を招《まねき》て煎茶を数瓶出す、客その茶の銘と、水の出所を呑わくる（飲み分ける）、是《これ》は玉川、是は隅田川、是は何処の井の水と云を定るを賞美せり、茶の口取（茶菓子）は船橋屋織江がよしなど、皆おごりといふべし、……天麩羅蕎麦に霰そば、皆近来の仕出しにて、万物奢より工夫して、品の強弱にかゝはらず、只目をよろこばす事斗《ばか》りにて費のみ出来る也、食物も無益の事ばかり精製して、其本品の味を失ひしを、賞美する事笑ふべし。

とある。いずれの時代にも、生活に余裕が出てくるとすべてが奢侈《しやし》にはしり、バブルを経験した現代とも重なってくる。ブランド志向やグルメブームなど、人間の考え方はそうそう変わらないのかと思う。少し違うのは、幕府の意向が「触れ書き」として伝達され、その威力がかなりあったため、調整されていたという点である。

「野菜物の類、時節より早く初物といひて売り出すべからずと令せらる」

また、一八四一年（天保一二）一二月、かの有名な江戸町奉行遠山《とおやまさ》左衛門尉《えもんのじょう》が商人に対して、

次に食物売買の者に申聞け置いたが、四文、八文の鮨も何時頃か二〇、三〇に相成り、中には殊《こと》の外《ほか》の高価の食物、身の分限を弁《わきま》へず、高家の食物を食い、鼈《すっぽん》一枚金一歩のを食ひても飽かずして、又は二歩のを喰ふ。物事段々増長し、鼈も蛸《たこ》か鰯《いわし》の様に沢山あらば賞美はせまい、其様なる事致し居りながら、扨々《ささて》時節が悪い抔《など》と申し、腰掛けへ多分参り、上へ御苦労を相掛ける者あり、是《こ》れ時節の悪いにてはない。分限を忘るる様に相成るは不埒故《ふらちゆえ》、諸色高値に相成る。

など、町人たちの贅沢さを幕府がいましめるという例である。これらはたびたび出されており、裕福になった町人たちの贅沢はどんどんエスカレートしていった。この頃たこがよく食べられていたことがわかる。そしていわしも安い魚の代表であった。

さて、こうした町人たちと、管理体制側にいた武士や将軍、あるいは身分上二番目の位置にいた農民たちとの間で、どんな暮らしの違いがあったのだろうか。次章ではさまざまな階層の食事の差に着目してみることにしよう。

第三章　将軍の食卓、町人の食卓

1　てんぷらを食べられなかった将軍

御所に準ずる

華のお江戸の庶民は、いかにも自由で華やかそうではあるが、封建時代の身分制度は厳然としており、将軍を頂点にすえた士農工商の階級制度は食事にも大きく反映している。後に述べるが、将軍は庶民が喜んで食べていたファストフードの串ざしてんぷらはもちろんのこと、あぶらものは食べてはならなかったのである。

徳川家康は、質素を旨《むね》とする武将の感覚を持っていたとみえて、日常の食事は一汁三菜《いちじゅうさんさい》（味噌汁に三品のおかず）を旨とするよう決めていたという。それにしても将軍ともなれば、なにかにつけて豪華な食事をしていたに違いない。家康の死因は鯛を油で揚げたものがそのきっかけであったといわれている。情報通の家康が、堺の茶屋四郎次郎《ちややしろうじろう》の話をきいてさっそくにためして食べたのが興津《おきつ》鯛の揚げ物で、いつしかこれは鯛の「てんぷら」ということになっている。

では、江戸庶民の誇りであり、支えでもあった江戸城の将軍は、どんな食事をしていたのだろうか。じつは将軍の食事は、京都御所のしきたりを基本としたものであった。とはいえ、江戸でとれる農産物や魚介類はたかがしれており、京料理の材料がそう簡単には手にはいらない。そんな背景を知るエピソードが残っている。

江戸の初期、たとえば三代将軍家光（在職一六二三〜一六五一年）の頃、毛利秀元《もうりひでもと》が持参した弁当に鮭の切身があり、老中のような人までが珍しがって、珍味にあやかったという有名な話がある。現在からすれば、たかが鮭の切身に裃《かみしも》つけたお歴々がむらがっていたかと思うとおかしい。

元禄（一六八八〜一七〇四年）の頃までは大名、武士ともどもつましい暮らしをし、食事も一日二回が中心で、各人のお腹の空き具合で間食をとっていたようである。お八つどき（午後二時頃）にとった軽い間食（お菓子のようなもの）が「おやつ」の語源となる。元禄期以降になると多くの分野で生産性が高まり、物資の流通も高まった。とくに油は照明用に消費され、人々の起きている時間が長くなったと思われる。そのことも原因となって三回食が定着している。

白米と江戸わずらい

当時の成人の一日当たりの米の量は、五合とされていた。副食がご飯を食べるためのものとして発展し、ご飯とおかずというパターンが日本食の基本になるのも、こんな状況下で生まれている。とくに江戸では庶民層にも白米が普及し、上下の身分を越えて口にすることができた。玄米よりも精白米にしたものがおいしいことがわかると、精白度を高くして食事にもちいたので、五代将軍綱吉（在職一六八〇～一七〇九年）はついに脚気《かっけ》になっている。

多田鉄之助『たべもの日本史』（一九七二年、新人物往来社）によれば、それは綱吉が将軍になる以前、館林《たてばやし》（現・群馬県）にいたころの話であるが、江戸市中一般でも精米の技術が進み、いわゆる白米が上流階級に好まれ、一六九一年（元禄四）に脚気が出始めたという。

江戸中期以降、江戸市中の町人たちも脚気で死亡することが多く、「江戸患《わずら》い」といわれた。綱吉の脚気は御典医の見立でかなりいい加減ではあるが、転地療養となり、練馬《ねりま》に別荘を建てて養生したところ回復したという。その際に尾張藩から尾州大根の種をおくられ、練馬の桜台《さくらだい》に植えたのが練馬大根の発祥という。

将軍の日常食

江戸も後期の将軍一二代家慶（在職一八三七～一八五三年）の場合、起床は比較的早く、朝六ツというから今の五時頃である。うがいをして歯磨きは歯医師の調製した歯磨き粉と房楊枝と舌コキを使う。お湯と糠《ぬか》袋で洗顔し、まず先祖の位牌に拝礼してお茶を飲む。係りの小姓はこのお茶の毒味をする。この時のお茶は薄茶か煎茶である。次にいよいよ食事である。以下、永島今四郎・太田贇雄『千代田城大奥』（一八九二年、朝野新聞社）を参考として述べることにする。

御膳所にて用意したものを器物に入れ、御膳立の間（笹の間という）へ運ぶ。ここにて御膳奉行の毒味あり、御膳番の御小納戸が、これを受取り、さらに「お次」へ運ぶ。ここに七輪のごとき大きな炉があり、鍋など幾個となく掛け、御膳番取り揃えて御前へ出す。御膳を運ぶのはすべて御小納戸の役で、御給仕はお小姓の任である。

江戸城本丸の表御膳所が厨房《ちゅうぼう》であり、ここで朝食が用意されて、将軍の目の前に御膳が運ばれるまでに御膳奉行、御小納戸、お小姓と少なくとも三人の手を経てたどり着く。

献立は、

〈一の膳〉

汁、飯

向うづけ　（さしみ、酢の物などの生もの類）

平《ひら》　（煮物）

〈二の膳〉
　吸い物
　皿　（焼き物――鱚《きす》の塩焼と漬焼にしたもの。鱚両様という。朔日《ついたち》・一五日・二八日は鯛、比目魚《ひらめ》）

二の膳つきで、二汁三菜という膳組であった。

将軍は普通一人で朝食をとり、午前中は弓や槍、剣術のほか、絵を描いたり好きな時間を過ごし、昼食後政務をおこなったという。江戸城の大奥に居住する奥方、すなわち御台所《みだいどころ》はどんな朝食かというと、

〈一の膳〉
　汁　（味噌汁に落とし玉子）
お平《ひら》　（さわさわ豆腐の淡汁。花の香りを充分に入れるというが何の花か不明）
置合《おきあわせ》（口取）（蒲鉾《かまぼこ》、くるみの寄せ物、金糸昆布、鯛の切身、寒天等）
〈二の膳〉
　焼物　（魴鮄《ほうぼう》）
お外《ほか》のもの　（玉子焼きへ干のりを巻いたもの）

お壺　（煎豆腐）
香の物　（瓜粕漬、大根の味噌漬等）

二の膳つきの一汁五菜に香の物である。奥方のほうが副菜が豊富なのだろうか。朝食としてはまずまずといったところであろう。

香の物は御広敷御膳所からくるものは臭気があって非常にまずいものであるため、奥御膳所で用意をした。将軍の御肴は御年寄がむしってさしあげ、一箸《はし》でも口にすると「お換り」といって御中﨟《おちゆうろう》がお次のものから受け取り、くり返し、三度までおかわりをしてよいことになっていた。時間と人手をかけている割には、召し上がる量はとても少ないことになる。

昼食と夕食は夫婦そろって

二度目の御膳（昼食）と三度目の御膳（夕食）は、夫婦そろっての食事が普通のようで、将軍が大奥へ出向いてとったという。次に献立例として春の昼食献立をあげる。

〈一の膳〉
汁　（蜆《しじみ》）
平　（こちの切身、長芋、紫蕨《ぜんまい》）

置合　（寒天、栗、または慈姑《くわい》のきんとん、ぎせい豆腐、金糸昆布）
焼物　（鯛）
お外のもの　（海老）
お壺　（蒸し玉子等）

やはり一汁五菜であった。八つ時に御菓子が出る。これは御春屋《みつき》製のようかん、饅頭及び大久保主水《もんと》（菓子司）などの蒸しものであった。夕食の献立は本膳がなく、

〈二の膳〉
汁　（鯉こく）
皿　（鯛の刺身）
置合　（蒲鉾、切身、ようかん、玉子焼、鴨、雁等）
焼物　（鱚）
お外のもの　（鮑《あわび》）
お壺　（からすみ等）

酒は春慶塗の三方《さんぼう》に銀の銚子《ちょうし》をのせて、もちろん毒味をして御中﨟がお酌《しゃく》をした。そして

酒の肴として吸物、二種の肴が出される。ここに記載したものだけでみると、魚類として鯛、鯉、鱚、こち、魴鮄、鮑、蜆、海老、からすみ、蒲鉾、比目魚と魚介類が多い。特筆したいのは玉子である。落とし玉子にはじまって玉子焼き、蒸し玉子とよく使われている。獣肉はなく、鳥類として鴨、雁がある。昆布、寒天、のり、豆腐に続いてくるみ、瓜、大根、長芋、紫蕨、栗、慈姑と、野菜類が非常に少ない。栄養的にはこれだけみればたんぱく質過剰といえる。

将軍の禁忌食

厨房では扱えない食品が決まっており、町人などに比べてしきたりや禁忌がきびしく、食膳にあがらないものも多かった。反面、全国の大名から特産物をおくられ、長崎出島に許可された外国人とも交流があった関係で、海外事情にも通じ、珍しい食品を見たり、食したりするチャンスもあった。したがって、食経験は町人とは比べものにならないほど豊富であったと思われる。どんな食材のきまりがあったかというと、まず、

獣類は一切もちいない

野菜類の禁止材料――葱《ねぎ》・韮《にら》・蒜《にんにく》・薤白《らっきょう》・つく芋（つくねいも）・黎豆《ふじまめ》・鞘豌豆《さやえんどう》・若芽《わかめ》・海帯《あらめ》・羊栖菜《ひじき》。

魚類の禁止材料――鰶魚《このしろ》・こはだ・秋刀魚《さんま》・鰯《いわし》・鮪《まぐろ》・鮫《さめ》・魨《ふぐ》・胡沙魚《あいさめ》・鯥《むつ》・海鷂魚《あかえい》・撥尾魚《いな》・鯰《なまず》・鰌《どじょう》・鮒・干物類。

（武士は、ふぐについては毒にあたって命を落とすとお家断絶につながるという理由で、また、このしろは此の城に通じ、それを食べるということは縁起がわるいという理由で禁止されていた）

貝類の禁止材料――牡蠣《かき》・あさり・赤貝。

鳥類の禁止材料――鶴・鴈《がん》・鴨・兎はよいが、ほかは一切もちいない。

水菓子の禁止材料――梨・柿・蜜柑《みかん》はよいが、水瓜《すいか》・瓜・桃・りんご・すももは見るだけで食べない。

料理としてはてんぷら、油揚げ、納豆は禁止である。兎は一羽と数えたためか鳥類にはいっており、食べてよい食材であった。仏教の精進物という考え方と、庶民の食べる下賤《げせん》なものとの区別など、とかく権力を持つと面倒な枠に縛られてしまうのは、いつの世も同じということだろうか。

料理は一〇人前作られる

これらの料理が将軍夫妻の前に持ってこられるまでに、どのようなしくみになっていたのか、食事を大奥でとる場合をみてみよう。

調理はすべて御広敷御膳所といって、将軍の居住している表の調理場で調理して、奥の御膳所に送る。調理が整うと、奥御膳所御台所頭（御家人より選ばれた献立をつくる役人）から準備が整ったことを御広敷番頭という係りの者に通知をする。御広敷番頭は旗本から選ばれ、大奥への人または物の出入りを検査する役人である。

御広敷番頭は御用達添番をつれて、御膳所に出張し、調理した品を毒味したうえで、御台所頭に、大丈夫であった旨を告げる。毒味のようすは、御料理をみんな並べて、御用達添番がまず一箸《はし》ずつ味わい、御広敷番頭がついで味わうが、そこで両者はしりぞいて、しばらくにらみ合ったうえ、互いに目礼して「よろしゅう御座ろう」といって毒味が終わるという。

料理は将軍一人にたいして一〇人前つくるので、夫婦で一緒の時は、奥方とあわせて二〇人前つくる。御広敷番頭らが毒味をするので、一人前ずつがまずなくなり、残った九人前ずつが御錠口を通って、奥御膳所に送られる。料理を受取った奥御膳所ではこれを温め、準備が整うと、当番の中年寄に報告する。中年寄が御膳所に出張して、並べられた料理を味わい、しばらくして「よろしい」といえば、料理はいったん御番立という机に似たものの上に並べ、中年寄の差図で、懸盤《けんばん》に並べかえて、御休息の間にはこぶ。もっとも一人前ずつだけはこぶので、残りは御番立にのせたまま、大風呂敷様のものをかけておく。九人前ずつのうち、一人前ずつは中年寄が毒味をするので、残りは八人前ずつになり、そのうち、一人前ずつだけが御休息の間に送られる。

とにかく将軍・御台所それぞれに一〇人前の料理を作って、毒味用に二人前ずつもちい、三回のおかわりを想定して、三人前ずつは将軍と御台所の前にいくのだが、実際は一人前ずつは手付かずが多く、六人前ずつは残って、それを当番のお目見え以上がいただくというしくみであった。

以上、簡単に江戸も後半の将軍の日常の食について見たが、材料はお上《かみ》の威光でよりすぐったものであり、蒲鉾も多用されている。毎日の手作りであったから、ぜいたくなものであったことは想像がつくが、庶民のあけっぴろげな食べ方に比べると、なんだか味気ない気がしてくる。落語で有名な「目黒のさんま」の話のように、脂抜きのさんまは象徴的でもある。なお、「お外《ほか》のもの」というのは、御台所の生家からついてきた女中がつくる料理のことで、特産品などが加えられる。

2　誇りたかき武士の食卓

屋敷内に畑を

身分階級の上位にあった武士の食生活は、想像以上につつましい。といっても、その武家

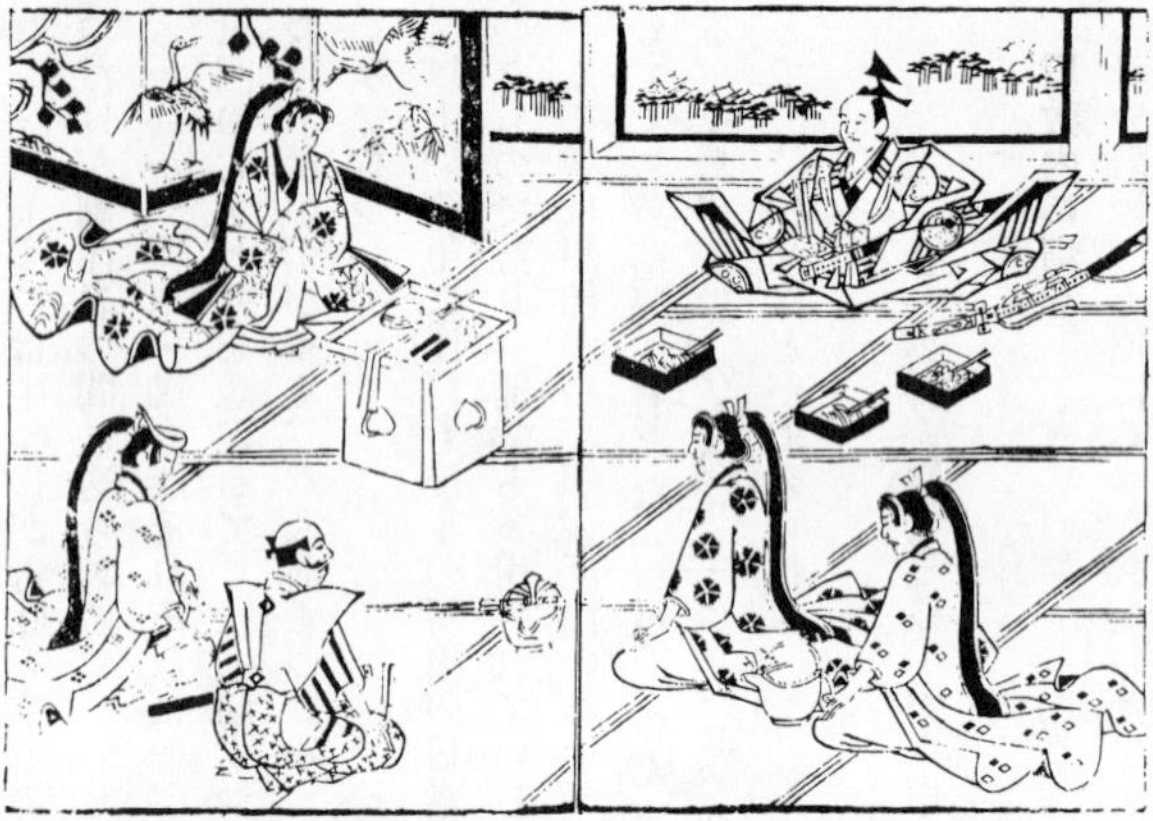
最古の献立集『料理献立集』（1671年）より祝言引渡し次第の挿図

の階級もいろいろで、禄高一万石以上の諸侯である大名クラスともなると、食事も台所奉行を筆頭に、献立から食材の調達、調理と、多くの役割をそれぞれの家臣がおこない、非常に細かなしきたりにしたがっていた。

こうしたクラスでは格式が重んじられ、小笠原流のような礼式が武家の諸々の行動様式を規制していたから、食事についても例外ではなく、給仕の作法もこと細かに決められ、図入りの書籍も出版されていた（池田東籬亭『魚類精進早見献立帳』、一八三四年〔天保五〕）。しかし禄高が少なくなれば、それほどでもなかった。

江戸は物資の流通は豊富であったが、食材の調達には貨幣が必要であった。戦のない武士たちはサラリーマン化していながら、格式は重んじなければならず、行事のような表向きのものにはどうしても金をかけねばならなかった。したがって、日常では少しでも経済的負担を楽にするために、屋敷内に畑を作ったり、醬油や味噌は自家製という暮らしぶりであった。

これに対して下級武士はといえば、畑を作るほどの土地もなく、その日暮らしの町人クラスと同じように貧しく、内職をしてやっと生活をしていくという状況であった。それでも武士は武士であり、「武士は食わねど高楊枝」などといって、やせがまんをしても気位の高さをしめさなければ、人としての尊厳を損なうことになっていた。

庶民の買い食いのようすを描いている図の中に、すでに第一章で紹介した、てんぷらの屋台に二本差しの侍が手ぬぐいのようなもので顔をかくして買っているものがある。本来は屋台などでの外食は下々《しもじも》のすることとしてできなかった武士も、庶民が作り出した手軽で安い食べ物の魅力に勝てず、思わず買ってしまうことも多かったに違いない。それにしても隠れるようにして買い、食べるさまを想像すると、身分階級の不都合さを実感しながら、それでおいしかったのだろうかと思わずにはいられない。

食事の回数も、それまで二回であったものが、元禄の頃から一日三食が定着し、日常の食事は一汁三菜が普通となった。質実だった武士の生活も太平の江戸中期ともなると、上方《かみがた》で料理専門店や仕出し屋が出現し、それらがやがて江戸に下って発展し、諸藩の江戸屋敷留守居役や富豪らが高級会席料理店を利用することになる。それらの店ではますます料理人の腕

本膳料理による奥方の食事（『錦葉百人一首女寶大全』より、謙堂文庫蔵）

に磨きがかかり、切り方、器、盛りつけなどが工夫され、「日本料理は目で食べる」といわれるように、たいへん洗練されたものとなっていくのである。

食材の調達に明け暮れる

ここで武士の食材の調達について考えてみることにする。武士も階級によりその暮らし向きはさまざまであり、食生活もまた同様である。

既述のように江戸の土地は約七割を大名屋敷や旗本・御家人の屋敷が占めていた。大名屋敷は上屋敷、中屋敷、下屋敷などに分かれており、上屋敷は江戸城の周辺に設置されており、その外側に中屋敷、またその外側に下屋敷という具合に配置されていた。下屋敷は、物資の出し入れに都合のよい江戸湾に沿ったところや、河岸に近いところなどに設けられた。

寺社地と武家屋敷に居住している人口が約五〇万人、町人が同じく五〇万人という巨大都市の胃袋をまかなうのだから、かなりの人数が食材の調達に明け暮れるということになる。

先の御広敷御膳所に立ち働く人は、大奥ではあったが男性が料理をしており、その数は御賄頭六人、奥御膳所御台所頭二人、同組頭三人、御賄調役三人、御賄吟味役三人、御台所人三〇人、御膳所御小間役三人、御賄方四〇人、六尺（使い走り）五〇人という人数である。もっとも大奥の女性たちは三〇〇〇人というから、その人たちの食をまかなうには当然だったかもしれない。

参勤交代制度は全国の文化交流をもたらしたわけだが、その土地の特産物の流通もまたなされていった。そして特産物の開拓も積極的におこなわれ、江戸を中心に各地方の産物の売買も活気を呈していく。そしてそれらの物資の集散地は大坂であった。消費された土地は江戸であるが、食材の基地は大坂という関係にあった。

したがって、初期から中期にかけては、大坂を中心に江戸に関する商売が成りたち、上方文化が基盤になって、江戸は発展していったのである。元禄（一六八八～一七〇四年）文化というと非常に華やいだ印象が強く、井原西鶴などが活躍した時代であるが、どちらかというと大坂・京都文化である。文化・文政（一八〇四～一八三〇年）の頃になると江戸独自の庶民文化が花開き、武士よりも町人の天下のような江戸が活況を呈してくる。

獣肉は禁止

桜井準也氏の「近世大名屋敷における食生活」（『史學』第五七巻第一号、一九八七年）をみると、麻布台一丁目の出土遺跡から出羽米沢《よねざわ》藩三〇万石上杉家と豊後臼杵《うすき》藩五万石稲葉家の屋敷跡が見つかっている。上杉家は一六三七年（寛永一四）から一六五七年（明暦三）までここを下屋敷としてもちい、その後中屋敷としている。また稲葉家は一六二四年（寛永元）にここを下屋敷とし、幕末までもちいている。

同論文は、屋敷には藩主から足軽・奉公人にいたるさまざまな人々が生活していたこと、大名屋敷の食料消費活動は、上屋敷よりも中屋敷や下屋敷が中心であり、宴会等が盛んに催されていたことを明らかにしている。

また、遺跡から出土した動物のうちでは、真鯛・はまぐり・鶏が多く、これを宴会が多かったことの証としている。魚については真鯛・鰈《かれい》・鯵《あじ》・鰯《いわし》・鮭・鰹・すずき・真鯖《まさば》・真鱈《まだら》・こち・めばる・あら・鮪《まぐろ》・黒鯛などが記録されている。鮪はここでは一八世紀末の層から出土しており、下魚として嫌われていた鮪が、この頃から武士の生活にも登場していたことがわかる。

武士も基本的には獣肉は禁止されていたのだが、猪《いのしし》・兎が数こそ少ないながら出土している。鳥類は鶏と真鴨が二〇〇年にわたって出土しており、食材としてよく使われていたことを示している。

料理屋では派手に

この報告とあわせて宮腰松子氏の「江戸後期武家の食事について」(『神戸女学院大学論集』一四巻三号、一九六八年)をみると、上級武士の食事のようすがよくわかる。次は、さる大名の一年間の食事献立帳について分析したものである。

その中のある日(二月一五日)の日常食を示すと(飯はついていたと思われるが省略されている)、

朝　汁(半ぺん)、御猪口、こんにゃく。
昼　サツマイモ、やき豆腐。
夜　いか、はす、わさび醤油、御酒。

二月の二九日間の記録中、夜に御酒がつく日が一四日である。そして全体としては、将軍に比べて食品数が非常に少ない。夜食に魚介類が多用されており、このころすでに夜食を重くとる決まりができていたようすがわかる。

また、野菜類・豆類の干物・加工品が多くもちいられている。とくに大豆製品である豆腐が朝・昼・夜と使われている。野菜も大根を筆頭に、ごぼう・せり・みつばなどに、貝わりな・くわい・しめじ・さつま芋・やつ頭・里芋・長芋と、芋類もよく食べられている。

現在の我々の日常食からみると、食品の種類がかぎられており、このなかで献立を工夫するのは大変であったろうと同情してしまうが、ハレとケの区別がしっかりとあった時代であるから、日常はかなり同じパターンでも通用していた。

たんぱく源としては、魚類の加工品である蒲鉾《かまぼこ》はよく作られ、食べられている。これは江戸城内も同じであった。玉子は二月の献立から見ても、朝一回、昼九回、夜七回、焼く、煎《い》る、蒸すと、調理方法も多様である。その特徴として、

①食品の取り方は、一食に使われる食品の種類はきわめて少なく、平均朝食に二種類、昼食、夜食に一～五種類である。

②三食のうち、朝食はほとんど野菜類や植物性食品の干物および加工品によって占められ、昼食は動物性・植物性食品の割合が前者に傾いてくる。しかし、夜食は精進の日が毎月四日あるので、その日以外は魚類または玉子が使われる。

③季節の変化はあまりない。

④魚の種類は豊富である。中で目立つのは車えびの使用が多い。次いでまぐろ・かれい・ひらめ・鯛で、これらはしじゅうもちいられている。川魚では鰻・鮎・ぼら・鯉などで、とくに鰻はかなり多い。貝類は平貝《たいらがい》・蛤《はまぐり》などで、種類は少ないが貝柱とともに使

用回数は多い。

以上のことからわかるように、武士階級は江戸時代には諸礼式などのしきたりに束縛されていたため、時代をどんどん先取りしていくようなたくましい庶民からは取り残され、格式ばかりを重んじていた面があった。

江戸の留守をまかされている御留守居役の武士ともなると、それぞれの家の付き合いをおこたりなく、また情報を確実にキャッチしておく必要から、後述する料理屋を利用するようになる。したがってそこでの料理は、金にものをいわせてさまざまに工夫され、洗練された日本の料理をさらに磨くことにもなった。日常のつましい食事に比べれば、彼らは数段豊かな食事を経験している。江戸も後半になると、武家の奥方たちも、料理屋から仕出し品を取り寄せるようになる。

下級武士の食生活

次に下級武士のいくつかの例をあげてみよう。初めは、江戸在住ではないが、天下の御三家筆頭の尾張名古屋藩、一〇〇石取りの藩士朝日重章の日記『鸚鵡《おうむ》籠中記《ろうちゅうき》』をとりあげる。

この日記は三七冊からなり、なんと彼が一八歳（一六九一年〔元禄四〕）から四四歳（一七一七年〔享保二〕）、すなわち亡くなる前年まで、二六年八ヵ月にわたって書かれたものである。記録をすることが好きだった彼は、食に対してもかなり触れている。『校訂復刻 名古屋叢書』続編第九〜一二巻（一九八三年、愛知県郷土資料刊行会）によって一六九三年（元禄六）の例を示すと、

〈元禄六年正月九日、年頭之振舞に、双親（両親）と予《よ》（本人）と、丸山加左衛門処へ行〉
汁鱒と鱠《なます》。大根おろし。
交香の物あさづけ（あさ漬け数種）。
に物（煮物）かんぴやう、山のいも、いもくづし（くずしはすり身のこと）、牛房《ごぼう》。
熬物《いりもの》 菜、鳩。
酒之肴 白魚（酒の肴は白魚）。
熬物 鳩の焼鳥、さより、かばやき。
〈元禄六年正月廿九日（中略）加藤平左処へ行〉
汁 独活《うど》、大根、鴨。
鱠 鯔《ぼら》、栗、薑《はじかみ》（生姜）。
煮物 鶏卵、薯蕷《しよよ》（山芋）、牛房。巴《とも》へ崩《くずし》。荒布《あらめ》（海藻）にてくづしを巻きたるなり。
焼物 大鯔《ぼら》。

香の物　あさづけ、ならづけ。
酒之肴　てんぷら、嶋えび、とうふ。麩にしめ。九年母（みかんの一種）。
取肴　するめ。

〈元禄六年四月廿一日（中略）十兵内義惣左内義立出対面す。忠兵門より雨降出す。かばやき町にて四つ鐘を聞。少し程経て忠兵来る。部屋にて引渡。雑煮、吸物、酒〉

献立（忠兵衛の娘と重章との結婚献立）
引渡しさんぽう盃。
雑煮　こんぶ、たつくり。
餅　ふだん草、花かつほ、大こん。盃。
吸物　ひれ。盃。
あつめ汁　塩たい、大こん、ごぼう。
鱠　なよし（ぼらの別名）、いか、たつくり、さゝかき大こん、たで、ほうふ、めうがの紅。
香の物
二汁　こち、氷こんにゃく。
煮物　くづし、山のいも、ごぼう、竹の子、ふき。

あへ物　大根葉。
焼物　かまぼこ、干きす。
取肴　するめ。

文左衛門（重章）が朝日家の家督を継ぎ、名古屋城城代組御本丸御番として出仕したのは、一六九五年（元禄八）であるから二二歳のことであった。すでに二〇歳で結婚しているから、出仕まではふらふらと武術道場へ通って友人と飲食したり、遊んでいられた跡取り息子であった。
それにしてもこの若さで、食べ物のことまでこれだけ克明に記録しているのは驚くほかはない。男子たるもの食べ物のことなど……という感覚はなく、とにかくよく記録している。
さて二二歳にして、いよいよ職を得て一人前になったわけだが、その勤務は「予、今朝より始而《めて》御本丸の御番に出。……予か相番、松井勉右衛門、大岡又右衛門。面々便桶（弁当）といへども煮物を沢山にし、相番および御番の足軽七人に酒と共に食はしむ」のが初出仕の時の記録である。そして勤務はどうやら一ヵ月に三回ぐらいであった。元禄九年二月一九日、当番の夜の弁当は次のような内容であった。その後の弁当の献立はなく、残念である。

汁　ひば（干した菜葉）。煮物（切干し、牛房、豆ふ、あらめ、梅干、こんねやく、山のいも)。
鯔《ぼら》二本。浜焼き。蜆《しじみ》あへ物。
香の物。酒。

勤務中の酒は認められていて、勤番 侍《きんばんざむらい》はこうして酒盛りに近い楽しさで、持ち込んだ食事をとっており、それが不幸にして彼を大酒呑みにしている。勤務以外は習い事の帰りに、そばきりなどの外食もし、酒好きで茶屋遊びに明け暮れ、最後は肝炎を起こしてなくなっている。

地方でも外食がさかんに

次の『石城日記』は、幕末の下級武士(武州忍《おし》藩)尾崎準之助、号を石城と称した人の日記で、こちらは絵心があり、巧みな筆で生活を描写し、当時の食生活を具体的に知ることができる。一八六一年(文久元)六月から翌年の四月までの日記である。

原田信男「『石城日記』にみる幕末下級武士の食生活」(『歴史公論』八九号、一九八三年)に拠《よ》って記述しよう。

一〇〇石取りの中流どころの武士であった石城は、藩政を論じたために一〇人扶持《ぶち》に格下げされ、生活が苦しくなった頃にこの日記を書いた。一人暮らしで、妹夫婦の家に居候しているという状況での生活が記述されている。

自宅での食事には銘々《めいめい》膳をもちい、大人と子供たちとの間にかなり距離をおいて食事をとっている構図は、家族間での上下関係が食事をする場所でもしっかりと規制されていることがよくわかる。反対に、酒宴のように大勢の人たちが集まっての食事となると、敷物の上に大皿や鉢を並べ、円座になり、取り皿でとって食べている。宴会では刺し身、そば、湯豆腐、煮しめなどが出されている。人付き合いがよい人で、いろいろな人の家でご馳走になっており、酒もよく飲み、外食もけっこうしている。にぎりずしや蒲焼なども記述されており、この時代になると地方でも外食が盛んになっていることがわかる。

一八六二年(文久二)四月一七日には東照宮(家康)の命日ということで、米(一升五合)・酢・薑《はじかみ》・卵・鯣《するめ》・椎茸・鶏冠苔《とさかのり》・蕗・藕《はす》・海苔・干瓢《かんぴょう》・独活《うど》・笋《たけのこ》・鮭を材料にもちいてちらしずしをつくり、他家に配っている。石城が三三歳でみずからちらしずしを作っているところをみると、男子が料理をすることはそれほど珍しいことではなかったとみえる。

江戸詰め勤番侍の生活

さらに江戸勤番武士の姿を、紀州藩士酒井伴四郎の場合に見てみよう。以下は、原史彦「江戸屋敷内の暮らし」(東京都江戸東京博物館・東京新聞編『参勤交代――巨大都市江戸のなりたち』、一九九七年)による。酒井は、一八六〇年(万延元)五月一一日から半年間、二八歳で江戸詰めとなった時の記録を残している。江戸での勤めは二〜三日に一度でよかったので、江戸見物を存分にしている。勤番武士はふつう単身赴任で、江戸屋敷の長屋に暮らすことになり、そこでの暮らしは規律が厳しく決められていた。外出も他の藩とのいさかいを避けるべく許可が必要だったり、門限も決まっていたという。たとえば、『南紀徳川史』によると、

「門限を厳にし、猥《みだ》りに藩士の他行（外出）をゆるさず」（この門限は五つ時〔午後八時〕だったという）

「遊参見物、茶屋、旅籠屋《はたごや》、湯屋、風呂屋へ参間敷候《さんじまじくそうろう》」

「他行之時は葦簾張り茶店に休憩する之外、酒食店に立入る事成らず、況《いわん》や劇場等をや」

（芝居小屋、外食禁止、ただし角力《すもう》は例外であった）

しかしこれも、江戸も中期になるとすこしゆるくなって、門限さえ守れば、居酒屋や割烹《かっぽう》店に入ったり、身分の低い家臣で浴室がない者は湯屋や結髪店に入っても許された。

また生活面も経験上の結論なのか、こと細かに決められている。とくに長屋でのトラブルは、こんなところからなのかと現在では苦笑を禁じえないが、遠く家族と離れての独身男性の長屋暮らしがしのばれる。どんなことが述べられているかを示すと、

「琴や三味線をならしてはいけない。

親類といえども泊めてはいけない。

独身者は理由もなく女性を入れてはいけない。

窓からゴミを捨ててはいけない。敷地内へ埋めたり、縁の下へ掃き入れてもいけない。

敷地内に馬をつないではいけない。

決められた日の朝五つ時（午前八時前後）までに住居前の道や水道を掃除せよ。また普段でも掃除せよ。

火の元には注意せよ。

けんかがあった場合は、両隣と向かいの者だけが仲裁し、遠路わざわざ見にきてはいけない」


江戸見物や買い物を楽しむことも自由にはできなかったが、一年もいればけっこう見物はできたようである。自前で生活することが多く、大半は切りつめた生活を送っていた。単身赴任の長屋住まいであるから、つくろいものから掃除もしなければならず、なにからなにまで自分でするのは、たいへんなことだったに違いない。

長屋は屋敷の外通りに面しており、窓から夜鷹《よたか》そば（京坂では夜なきそば）などをこっそり買うなどという技もみせている。そして、反対に気の置けない同士で酒盛りをしたり、趣味三昧にふけったり、国元の留守を気にしながらも勤めていたのである。江戸は何しろ時代の先端を行っているところであり、江戸を見てきたことはどんなに自慢もでき、また相手も刺激を受けたことであろう。

それでは、その文化の中心地にたくましく生活し、江戸の底力になっていた町人の暮らしとはどんなものであったのだろうか。

3　町人の食事アラカルト

食通も現れる

町人もまたいろいろで、経済力を身につけた大商人から、その日暮らしの人々まで、さまざまな食生活があった。江戸は既述したように大消費都市であり、物資の調達は関八州近在からだけではとてもまかなえず、大坂を中心とした西側文化をバックにして成り立っていた。そして、毎年のようにどこかで火事があったから、建築関連の大工仕事はいくらでもあったし、食品は現在の「カット野菜」のアイディアさながらに、何でも工夫しだいで売れていった。

武士は戦に備えての要員としての役目もあって、下級武士の仕事にしても役目が細かく分かれており、格式をはるばかりで生産活動をしなかったため、困窮する者も多くなっていった。それに対して、身分的には最下位であった商人が、経済力をバックに武士をしのぐ力をつけ、豪商ともなれば、その生活ははかりしれないほど贅沢なものとなっていった。

「町人の振舞《ふるまい》成ほどかろくすべし。従ひ有徳の者と雖《いえど》も二汁三菜を過ぐべからず。但《ただし》家督又は嫁取之時は名主にうかがひ差図を受くべき事」(一六六八年〈寛文八〉)等と、幕府は町人に掟を出すが、比較的おおらかな対処であった。町人たちは自由な気風を育て、袖ふり合う人々がうまく生きていくための独自の規律を生み出した。形にとらわれて旧態のままの将軍・大名に比べて、反形式的趣味を発達させ、食道楽や食通をも生み出していった。ただし、江戸も後半になると行き過ぎとなり、食をもてあそんだり、奢侈《しやし》にはしるようになる。現代のバブル期と重なるものがある。

一般的な町人、すなわち長屋住まいの人々は、男女ともによく働いている。朝食にご飯をたいて味噌汁と香の物。下級武士や商人もだいたい基本は同じで、大店《おおだな》の主人や金回りのよい人ならもう一品くらいついたであろう。

職人のように、力仕事をする者には糸引き納豆がついた。納豆は江戸時代以前からの食品であるが、江戸の庶民の味としてよく食べられるようになった。豆腐をはじめ、大豆の加工品は、庶民にとって重大なたんぱく質源となっている。しかしこの納豆は、下々の食べるものとされていたせいか、においを嫌ってか、将軍は食べてはならないことになっていた。

江戸に住んだ人々は、米を主食として食べることができたが、農民となると麦との混合飯で、米二・麦八という割合の場合もあった。身分的には武士の次に配置しておきながら、「生かさぬよう殺さぬよう」という政策で、汗水たらして働き作った米は年貢に供出させられ、自分たちが米だけの飯を食べるのは、ごくかぎられた場合だけであったという事実はよく知られている。

百姓は分別もなく末の考えもなきものに候故、秋に成り候へば、米、雑穀をむざと妻子にも食はせ候。いつも正月、二月、三月時分の心をもち、食物を大切に仕《つかまつ》るべく候に付き、雑穀専一に候間、麦、粟《あわ》、稗《ひえ》、菜、大根、其外何にても雑穀を作り、米を多く食ひつぶし候はぬ様に仕る可く候。飢饉の時を存じ出し候へば、大豆の葉、小豆の葉、大角豆《ささげ》の葉、芋の落葉など、むざと棄て候儀は勿体なき事に候。

飢饉時の庶民の食事（『日用助食　竈の賑ひ』より、国立国会図書館蔵）

有名な「慶安御触書」であるが、この後の「そうすれば暮らしが楽になる」という文面は、省略されることが多い。

このように、江戸庶民の暮らしだけを追っていると、災害や農民の生活を忘れ、良い面ばかりに目がいってしまうが、都市と農村の暮らしぶりには大きな開きがあった。

昼食に話を移そう。商人の昼食は、冷や飯に八杯豆腐（煮出し汁に少量の酒または味醂《みりん》・醤油を入れて煮立て、拍子木切りにした豆腐を入れて煮たもの。熱いうちに紫海苔をかけて食べる）といったところで、職人になると冷や飯に卵《う》の花いり（卵の花はおからのこと）となり、さらに下級武士は冷や飯に野菜の煮付けあたりが標準だった。

江戸では朝、ご飯を炊いてこれを一日分にしたのである。温かい季節になると、このご飯を保《も》たせるのが大変だったと思われる。そのために料理本に悪くなるのを防ぐ方法が書いてあったりする。大坂のような西日本圏は昼炊いている。かまどでのご飯炊きは、火おこしからして一仕事であるから、どこでも一日に一回ですませていたと思われる。

夕食は、冷や飯、煮物に魚がつけばよい方であった。商人とひとくくりにいっても、その奉公人には階級があるため、それに応じての食事があり、丁稚《でっち》や女中の下働きの者はかなりの粗食であった。それでわずかな給金から買い食いを楽しんでいる。なにしろ奉公人ともなれば、月に魚が三回つくぐらいの食事で働かされるわけだから、それだけでは体がもたない。そういった面では、外食の発展は、住みこみ働きでみずから食事作りもままならない、このような人たちにも支えられていたのだということができよう。

職人の生活

江戸はしじゅう「復興の町」であった。火災が繰り返しおき、建て直しても同じような木造建築であるからまた燃える。豪商のような資産家は、その備えに穴蔵《あなぐら》（地下の蔵）をつくるという工夫をしているが、大多数の一般庶民はいつしか「火事と喧嘩は江戸の華」などとうそぶいて、その日その日の暮らしを楽しむ方向へ人生観が作られていった。そんななかでは、手に技術をもつ職人、とくに大工職人は、振り売りする人たちに比べれば良い暮らしであった。

次に栗原柳庵『文政年間漫録』（文政は一八一八～一八三〇年）から大工職人の家計をしめすと、家族三人（夫婦と子供）の年間収入が銀一貫五八七匁《もんめ》六分で、そのうち飯米代として三石《こく》五斗四升の代金銀三五四匁、調味・薪炭《まきすみ》代が銀七〇〇匁という。家賃やその他を差し引いて残るのは、銀七三匁六分という計算である。

宮内輝武「江戸時代の食費」（『VESTA』28、一九九七年五月号）によると、一九九〇年の物価換算によれば、前記大工職人の収入二〇一万一九四八円、飯米代が四四万六〇九円で、調味・薪炭代が八八万七一一〇円となり、飯米代と薪炭代こみで約七〇%を占めている計算になる。収入をかなり食費に割いているわけで、その内容も米が中心であることがよくわかる。

調味には塩・醤油・味噌がふくまれる。醤油と味噌の代価についてだが、小野武雄編著『江戸物価事典』（一九七九年、展望社）によると、一八二一年（文政四）の醤油代は、一両で上醤油が六樽四分、中醤油が九樽一分、下醤油が一三樽五分であったという。

醤油樽は江戸醤油仲間で取り決めており、八升樽を基準として正味は七升五合、下級品は七升であったという。ただし、もちろん江戸の醤油は古くは関西ものが主流で、関東（野田）ものが出まわったのは安政（一八五四〜一八六〇年）ごろからという。一方、一八二九年（文政一二）で味噌一貫銀一・二匁、塩一石が銀一五・二匁くらいであった。

一日単位の棒手振りのような生活でも、風雨の強い日や物日《ものび》には休む事を考え、わずかな貯えも心がけている。江戸でのこれら下層階級の人たちの仕事は、よほどのことがない限りあぶれることはなかったようである。子供には寺子屋へいかせて読み書き算盤《そろばん》を身につけさせ、お祭りやハレの行事は、日常をつましくしている分、酒やご馳走を振る舞うといった庶民生活には懐かしいものがある。

そして長屋の路地にまで、近郷の漁師が、浅蜊《あさり》や蜆《しじみ》・蛤《はまぐり》・青柳・わかめなどを、また野菜売りが大根や青菜類を売りにくると、そこには話に華が咲くことになる。大家さんは店子《たなこ》のようすを気にしているし、みな都会の孤独感とは無縁のようにみえる。

その長屋を一歩出れば、通りには店構えをした商店があり、辻や目抜き通りなどは買い物客でごったがえしており、江戸も後半ともなれば、おのぼりさんよろしく江戸見物の旅行客も後をたたず、まことににぎやかなことであった。

おかずの話

江戸の庶民の日常食の料理内容がどんなものだったかは、台所の鍋釜《なべかま》の類、材料の種類、調味料などから、おおよそは見当をつけることもできるが、それとは別に「おかずの番付」を見ることで当時のようすをうかがうこともできる。

そのひとつである『日用倹約料理仕方角力番附』によると、「精進方」と「魚類方」にわかれており、精進方の大関は「八杯豆腐」、関脇「こぶあぶらげ」、小結「きんぴらごぼう」となり、魚類方の大関は「めざしいわし」、関脇は「むきみきりぼし」、小結「芝えびからいり」となっている。

また行司は沢庵《たくあんづ》漬け、ぬかみそ漬け、大さか漬け、茎菜漬け、なすび漬け、梅干し、寺納豆、からし漬け、かくや古漬け、ほそね漬け、なら漬け、らっきょう漬け、世話役にでんぶ、ひしお、ざぜん豆、みそづけ、日光唐辛子、勧進元にかつおぶし、酒しお、しおから、差添になめもの、などをあげている。

年代の記述がないが、石川尚子氏（日本家政学会食文化研究部会副会長）は天保頃の成立ではないかと述べている。この番付の筆頭にあげられた豆腐だが、『日本の近世』9（一九九二年、中央公論社）によると、一九世紀に入ると、江戸の豆腐屋の数は約一〇〇〇軒、町ごとに一～二軒あり、町人向けには店売り、町売り、武士や寺社には注文配達をしていたという。先の『文政年間漫録』に登場する野菜の棒手振りがあきなっていたものは、蕪菁《かぶら》、大根、蓮根、芋となっているところから、これらの野菜がよく売れるものだったのであろう。

杉山直儀『江戸時代の野菜の品種』（一九九五年、養賢堂）によれば、品種がもっとも多彩だったのは大根で、江戸時代の重要な野菜の一つだったという。大根は主力の秋冬大根に加えて、春大根、夏大根と栽培が盛んにおこなわれ、干し大根として保存したり、沢庵漬けのようにつけものにもなった。

料理法もいろいろ工夫され、薬味としてのおろし大根は辛みを利用してのことで、辛みの強い大根が栽培されている。そばきりの薬味にも用いられており、てんぷらの屋台にも顔を出すくらいだから、広く一般に好まれていたものである。大根以外では里芋、なす、かぶや菜類であったという。

おかずの番付に話をもどすと、精進方の料理をみると「あえもの」が多い。九五種類記載中二四種を占めている。ひじきの白あえ・にんじんの白あえ・わかめのぬた・はすの木の芽あえ・たんぽぽの味噌あえ・田ぜりのごまあえなどが出ている。

魚類方をみると九六種類の料理が挙がっており、まぐろからじる・まぐろすきみ・まぐろきじやきと、まぐろは上位に顔を出している。てんぷらは前頭秋の部にあり、材料は記述されていない。庶民の食膳に上った魚介はいわし・むきみ・芝海老・まぐろ・こはだに塩鰹となり、もちろんこれらが毎日食卓にあがったわけではない。

第四章　大江戸グルメブーム

1　「初鰹狂奏曲」

食通の登場

初期の江戸は上方文化の導入によって、都市としての機能を発展させていった。伊勢商人や近江商人が日本橋などを中心に商売を繁盛させ、大店《おおだな》を作っていった。この人たちはまた大坂でも大活躍していた。

元禄期（一六八八～一七〇四年）、大坂を中心に文化が奢侈《しやし》にはしり、とくに衣生活で形・色・材質などの贅《ぜい》がきそわれた。京都をファッションの発信地として、大名間や豪商の間で金に糸目をつけぬ、衣装比べが流行したのである。

その次に登場するのが文化・文政（一八〇四～一八三〇年）、いわゆる化政期の江戸での文化の爛熟《らんじゆく》であり、食の世界でもまた然《しか》りであった。日本が安定期に入った江戸時代、各地で名産といわれる数々の食品が作られ、それらを手に入れて蘊蓄《うんちく》を傾けるのがステータスとなり、外食もそれぞれの階層で発展し、江戸グルメ時代の登場となった。現代の我々の、バブル時代のグルメ模様とよく似ているのである。

『町人文化百科論集二　江戸のくらし』（芳賀登編、一九八一年、柏書房）所収の「飲食三昧の江戸」（斎藤隆三氏）の言を借りれば、「衣食住三者の中に於て、その必要なことからいえば、勿論食を第一として衣が之に次ぎ、最後に住が来るべきであるが、必要以上の文化生活の発達から観れば、何時も之れが反対の現象をなして、住が発達の先駆をなし、衣が之に続き、最後に食が到ることになって居る。奈良朝にしても平安朝にしても、将《は》た鎌倉室町の世にしても皆そうであった。江戸時代も同様で安永天明に飲食三昧の時代になった」ということである。

食の発達は、生きるために食べるという生理的欲求が充たされると、よりおいしいものの探求へと導かれるようである。そして「グルメ」という、芸術的といってもよい最高の贅沢感を満足させる境地へとサイクルを描くようである。さて江戸の人々がかなでた「グルメ狂奏曲」はどんなものであったのか。

時期的には元禄期に、上方ですでに萌芽がみられる。すなわち浮瀬《うかむせ》という料理屋が、貝殻を盃代りにして酒と料理を出して人気を博している。しかし江戸ではもう少し遅れて、宝暦（一七五一～一七六四年）、明和（一七六四～一七七二年）頃に料理茶屋の升屋《しょうおく》をはじめとして、江戸留守居役などが利用する高級な料理茶屋が繁盛し、金持ちの商人等も豪遊した。

この頃から、随筆や評判記などを通じて、「通」とか「粋」などという言葉が料理の分野に持ち込まれた。天明期（一七八一〜一七八九年）までには、いわゆる「食通」という観念が定着したと思われる。江戸も後半になると、町人階級に属する人々も、月に一、二回くらい「奢《おご》りに行く」といって外食をしたという（三田村鳶魚『娯楽の江戸　江戸の食生活』）。

初鰹騒ぎは有名であるが、高級料理茶屋の八百善や当代きっての人気役者が、目の飛び出るような二両、三両という高値で鰹を買い込む一方、その日暮らしの長屋の住人までもが血《ち》眼《まなこ》になって初鰹、初鰹とさわいだ。しかし、将軍家はこの騒ぎをよそに、初物には関心をよせなかった。

鰹に限らずさまざまな初物を好んだ風潮は、食に関心が強かったことを示しており、料理本の流行とあわせて、江戸の人々の「遊び」が垣間見える。文化・文政期すなわち化政期は、それが頂点に達したといわれている。

初物取り締まり

料理屋の始まりとされる「奈良茶飯」を出す一膳飯屋が、浅草は金竜山にできたのが、すでに述べたとおり、明暦の大火（一六五七年〈明暦三〉）後のことという。この火事で江戸市中の三分の二が焼失し、江戸城の天守閣も焼け、そこに鎮座していた金の鯱鉾《しゃちほこ》は、以来架空の存在となる。

焼け跡復興のさまざまな工事のために多くの人々が江戸に集まり、またその人たちの食生活を支えるための商売が繁盛した。そしてその後も、たび重なる天変地異にもめげず、江戸は当時の世界でもまれに見る人口密度の高い都市となり、幕府の統制下でけっこう秩序ある生活が営まれたのである。

単身赴任男性の多い町、猫の額ほどの畑も作れないほど人家が密集している長屋の町、お金さえあればなんでもできそうな町、全国の名産物産が集まってくる町――そんな町に住む人々の胃袋を支えたのが、屋台や煮売り屋、振り売り、そして各種料理屋となる。

食の素材となる食品も、中世に比べるとぐんと豊富になり、調理方法も複雑化し、一部階層の秘事であったそのノウハウも、料理本というメディアを得て世間に広まっていくこととなる。

寛文期（一六六一～一六七三年）になると、塩は別として、三七品もの食品に対して売買時期が決められた。これは、物価の安定化をはかろうとする幕府の姿勢のあらわれであるが、それだけ時節をはずして商品を高値で売りさばこうとした者があり、また購入側もそれを受け入れたということである。その三七品とは、

〈魚介鳥類等〉

鱒・鮎・鰹・なまこ・鮭・あんこう・生鱈（但し塩鱈は別）・まて・白魚・あいくろ・

ぼとしぎ・雁・鴨・きじ・つぐみ——以上一五種類。

〈野菜類等〉

生椎茸《しいたけ》・土筆《つくし》・ぼうふ・生わらび・たで・葉生姜・ねいも・たけのこ・さゝげ・めうど・茗荷・松茸・なすび・白瓜・びわ・まくわ瓜・りんご・梨・ぶどう・御所柿・九年母・みかん——以上二二種類。

これらの食品の売買時期が定められたので、当時の出回り食品と時期がわかっておもしろい。そして、鰹は四月と定められている。この頃すでに始まった鰹などの初物で値段をつりあげる風潮を取り締まっている。珍しさを尊び、少しでも早く見つけると、少々高くても買ってしまう江戸っ子気質ができあがっていたということになる。

こうした食品は、この当時はまだ料理茶屋などはなかったので、天災からの復旧のたびに増える職人などを対象にした煮売り屋や一膳飯屋、また遊興の町吉原の接待などに消費されていた。少しでも高い値をつけようと工夫され、季節はずれの食品が格好のターゲットになったのである。

こうした規制は逆に、一寒村にすぎなかった江戸が、わずか五〇～六〇年で野菜魚鳥類の売買時期を統制する技術を持つ町となっていたことを示している。そして市中で野菜等の栽培ができないため、江戸の周辺は都市部の食料供給地としての機能が要求され、寛文期にはすでに神田青物市場ができ上がる。江戸がいかに急ピッチで都市化していったかをみる思いがする。

そしてこういった食料の価格を高騰させないようにという「御触書き」がたびたび出されている。それはつまり、「喉元すぎれば……」というわけで、すぐ守られなくなってしまうことを意味した。江戸も後半の天保に出た町触れを次に示す。

野菜の促成栽培

一八四二年（天保一三）四月一一日に出された町触れを見てみよう。

野菜物等季節にいたらざる内（その季節にならないうちに）売買致間敷《いたすまじき》（してはいけない）旨、寄々相触《よりよりあいふれ》候趣も有之候処、近来初物を好み候儀増長致し、殊更《ことさら》料理茶屋等にては競合《せりあい》買求、高直《こうじき》（高値）之品調理致し候段不埒《ふらち》之事に候、譬《たとえ》ばきうり、茄子、いんげん、さゝげの類、其外もやしものと唱《となえ》、雨障子を懸芥《かけかい》にて仕立、或は室の内へ炭団《たどん》火を用養ひ立《たて》、年中時候外れに売出候段、奢侈《しゃし》を導く基にて、売出し候もの共も不埒之至候間、以来もやし初物と唱候野菜類、決而《けっして》作出し申間敷旨、在々へも相触候条、其旨を存堅《かたく》売買致間敷候、尤魚鳥之義は自然之漁猟にて売出し候者格別、人力を費し多分之失却を掛飼《かけかい》込仕立置、世上へ高価に売出し候儀者、是又堅不相成《あいならず》候、若相背《もしあいそむき》候もの有之においては、吟味

之上急度咎《とがめ》可申付候
右の通町触申付候間、御料者《ごりようは》御代官、私領者領主地頭へ可相触《あいふるるべく》候
但、在所の品、前々より献上之類は只今迄之通可被心得《とおりこころえらるべく》候
右之通可被相触候

これを見ると、料理茶屋が初物を競って購入しているようすや、また高値で買ってくれることがわかれば作る側も研究が盛んになり、なんと温室栽培まで考案していることなどがわかる。

そして二年後の一八四四年（天保一五）の町触れには、

近在ニ而茄子いんけん（いんげん）其外鉢植物抔《など》ニ仕立初物与唱《ととなえ》候ひそかに持出し料理茶屋向《むき》ニ密々《みつみつ》取扱候義も有之哉

とみえ、現在のマンションのベランダ栽培用になすやトマトの鉢植えが売られているのとオーバーラップして、対象は違うにしても、考えることがあまり変わらないことがおかしい。

日常生活では、初物を食べたことが話の中心になりえたことから、威勢のいい、からっとした物言いが拍車をかけて、いつしかもやし（しょうがや麦などの芽）や初物に対する執着

が江戸の庶民をも巻き込み、あまりにも有名な初鰹さわぎになるのである。

初鰹の前に初鮭

江戸初期の見聞記、『慶長見聞集』（三浦浄心、一六一四年〔慶長一九〕）にすでに、「かつを、しびは毎年夏に至り西海より東海へ来る、伊豆相模安房の海に釣りあぐる初鰹賞翫也」とあり、後の鰹騒ぎの兆しはこの頃からあったものとみえる。しびというのは鮪《まぐろ》のことで、はじめは安い魚であったが、醬油やにぎりずしなどの普及にともなって武士たちの食膳にものぼるようになっていく。

この本は慶長も末に書かれたものだが、ほかに若鮎、初鮭を珍重している。「然るに初鮭は十年以前迄は冬の末より取りしが、今は秋の初めなり、近年初鮭一喉は金五十両卅両にあたひする」と述べ、大海の生魚がないためだという。近海で捕れなくなった鮭が珍重され、高値を呼んだのだろう。

鮭は下魚扱いはされず、水戸黄門こと徳川光圀《みつくに》（一六二八〜一七〇〇年）は鮭が大好物で、那珂《なか》川に鮭があがると「初鮭振る舞い」と称して宴を開いたという。そしてこの那珂川の鮭は、三田村鳶魚の『娯楽の江戸　江戸の食生活』の「庶民の食物志」の項に、

鮭といえば塩鮭で、越後から来るのをいいとしてあった。今日の鮭はうまくありません

が、昔のはなかなかうまかった。何時頃から江戸へ来る様になったかわかりませんが、宝暦三年の〔名産諸色往来〕に〔越後塩引き〕とありますから、宝暦の初めには珍重されて居ったことと思います。……その後、生の鮭は那珂川から来るのが少しありました。これは水戸家で養殖したので……。

とある。水戸徳川家では初鮭を江戸まで二泊三日で将軍家へ献上していた（『水戸市史』）。

初鰹が流行するようになると、江戸っ子の見栄と意地に貫かれ、なけなしの金をはたいて町人が買った話が多くの川柳によみ込まれた。庶民には、二両も三両もするような新鮮な鰹はどう転んでも手に入らない。無理して古いものを食べて中毒をおこしたら、その手当てには桜の皮やびわの葉がよいとされたという迷信まであったという。

次節では式亭三馬《しきていさんば》の『浮世風呂《うきよぶろ》』を中心に、江戸庶民の食道楽の一端をのぞいてみることにしたい。

2　庶民の食生活をのぞく

『浮世風呂』の世界

江戸庶民の生活を見るための格好の題材である『浮世風呂』（式亭三馬、一八〇九～一八一三年〈文化六～一〇〉を例にあげながら、当時の江戸の下町の食を想像してみよう。少し前の時期から、江戸の飲食店を紹介する『七十五日』〈一七八七年（天明七）〉という本が出されている。そこには菓子・酒・蒲焼・すしなどの名店があげられている。外食紹介のような本が出版されるということは、利用者が多くなってきたことを意味し、評判記などはすでに安永期（一七七二～一七八一年）に出されているので、外食に対する関心の深さがうかがえる。

江戸の町は買い物や、遊山での旅行客や、商いのための出張人などで、大店舗を構えた通りはいつもにぎやかであった。そしてこの巨大経済都市には、物資が常に流通し、活気があふれ、なかにはこれで生計が成り立つのだろうかと思われるような商売、たとえば煮豆だけを売っているような者でも、けっこうなんとかやっていけたようである。

さて、江戸も安定期に入り、遊びを楽しみはじめた人々の生活ぶりはどんなものであったのだろうか。

『浮世風呂』から食べ物がかかわるところを抜書きしてみると、「朝湯の光景《ありさま》」に、

「なつと納豆」

「モウ納豆売は出直して金時（小豆を煮たもの）を売に来る時分だア」

「あさアりむツきん蛤むツきん（むツきんは剝き身のこと）」

「ひしほ金山寺。醬油のもろみ」
「菜漬なら漬南蛮漬《なんばんづけ》（唐辛子を使った漬物）。なづけはようござい」

などとある。

納豆売りは朝早くから朝食に間に合うように売り歩き、次は煮売りが来るというふうに、時間がある程度決まっていたことがわかる。貝のむき身売りは子供が天秤棒をかついで売っている。調味料や漬物も売りに来ている。

納豆は江戸でよく食べられており、納豆売りは大豆を煮て室《むろ》に一夜おいてつくり、朝早く売りさばいた。食べ方は納豆汁にするか、醬油をかけて食べる。京坂には納豆売りはなく、また店売りもないので、自家製であると『守貞謾稿』にある。貝のむき身はあさり、はまぐり、さるぼう、ばかといった種類の貝が使われ、江戸・深川にはこれらの貝の漁をする者が多かったという。

魚は頭にうまみがある

次は、伊勢の商人が一代で身上を築いたのに、二代目があっという間につぶしてしまった話。

あの御親父《ごしんぷ》は伊勢から出て来て一代に仕上げた人さ。其代利勘《そのかわりりかん》だ。なんでも人は奢《おごつ》てはゆかぬ子《ね》。けふは大分《だいぶ》魚が見えるから。チト驕《おご》つて奉公人に食はせようといふ所が。大きな皿に鯷《ひしこ》の酢煎《すいり》なら五匹ばかり。尾頭《おかしら》をならべて。鯷が小笠原流で。トしやにかまへて居るはさ。こはだならけふ買《かつ》て焼《やい》て置《おい》て。自身にあすの朝さげかごを提《さげ》て河岸《かし》へ行きます。河岸中をぐる〳〵廻《まわ》つても直《ね》が出来ぬから。土大根《つちでえこ》（土付きの大根）の折《おれ》を買て来て、ソレきのふの焼《やい》たこはだを一匹づゝ入れて。輪切大根の煮付。夫《それ》が惣菜。大勢下女はしたがあつても。菜《おかず》は婆さまが出てまんべんなく盛わたす。爺さまは彼《かの》こはだをむりゝ〳〵とあたまからしてやりながら。魚といふものは頭にうまみがあるものだといふから。四五十人の手代子供が無 拠《よんどころなく》首《あたま》から食はねばならぬ。ソコデ物が廃《すた》らぬ。年中朝が茶粥で。昼が汁ばかり。夜食は沢庵《たくあん》。それも塩のあた辛いやつだから。二切で湯までの菜になる。けふは仏の日だといふ所が。八盃《はちはい》豆腐（細く切った豆腐で汁にもちいることが多かった）が。平《ひら》の中をゆる〳〵と游で居るやつさ。鰹節のはいる汁《おつけ》は夷講《えびすこう》と生辰《たんじょ》ばかり。三度の飯の外に食ふものは。冷飯を干た 糒《ほしいい》の塩いり。其中へ田舎から貰《もらつ》た味噌豆をいれた所が。豆の数は鉦《かね》太鼓で探す程だアおめへ。其豆いりの外は自 作《てめえづくり》（自家製）の 醴《あまざけ》よ。婆さまが上《か》総産《ずさもの》だから。薩摩《さつま》いりといふ茶の粉を 拵《こしらえ》るばかり。其外に奢りといふはさつぱりなし。

薩摩いりというのは、米と小豆を混ぜ、四角に切った薩摩芋を入れ、蒸してから煎ったものをいうようだ。

すべての商店の奉公人の食事がこうだったとは思われないが、伊勢や近江の商人たちが、江戸の目抜き通りで大店になるには、これくらいのことをしたことは想像にかたくない。それにしてもご飯だけは食べられたのであろう。白米飯を食べるための菜には、どうしても塩味の濃いものが使われ、沢庵漬けのような漬物は大いに役立ったようである。

初鰹一〇本の行く方

次に商人の諸声《もろごえ》（かけごえ）として、

「あやめあやめ」「金時湯出大角豆《うでささげ》」「豆腐引」「蒲ア焼は能《よう》。かばやき」

とある。

あやめとはあやめ団子のこと。湯出は「うで」と読み、茹《ゆ》でることで、茹でたささげ豆。豆腐は今の一丁の四～五倍くらいだったようだが、非常によく食べられており、絵図にも、買って桶に入れ、家に急ぐようすが描かれている。

ここまでで前編巻の上。次は寺子屋に御弁当を持っていく話。

「雨の降《ふら》ねへ日は。お弁当は入《いり》ません」

「ウ、。それでも。ヨウ。おつかアさん。お弁当にしておくれな」

「チヨツやかましい。そんならお弁当にしてやるから。お菜好《かずこのみ》はならないよ」

「お菜《かず》がなんだは角《か》だはと。望み好《こぞみ》がうるさうございますよ」(『浮世風呂』二編巻の上)

子供たちは、雨がふらなければ寺子屋から家に戻って食事をした。どうやら御弁当の方がおかずがよいもののようで、作り手の会話が現在の母親にも通じて苦笑を誘う。次は江戸っ子の合理的な考え方の一面をみせている文面である。

お仏壇《ぶつだん》へお盛物《もりもの》を並立《ならべ》て。ナニが芋やすりこ木を削込《けずりこん》だつて。仏《ほとけ》になつて食ふやら食はねへやらしれねへツ。精進日をわすれて。油揚を一枚焼て着《つけ》たり。お備《そねえ》や七色菓子を上《あげ》るよりか。生《いき》て居る内に初松魚《はつがつう》で一盃飲せる方が。遥に功徳《くどく》だと。(同前)

初鰹を食べることが、どんなに嬉しいことであるかがわかる。なんだかだと屁理屈をつけては、鰹を手にしたいというところであろう。鰹は「勝魚」に通ずると、武士は大いに賞味したという。門出の祝い肴や贈答品として価値のある魚であった。旧暦四月(現在の五月)ともなると、黒潮にのって伊豆沖でとれたものが小田原や鎌倉などに水揚げされて、馬による陸路または船による海路で江戸に送られてくる。

将軍家への献上分が除かれて、残りを競うようにせり落とし、料理屋や豪商が持っていき、その残りは威勢のよい魚売りがまな板と包丁をかかえて、市中に飛び出して行く。そして庶民も大枚をはたいて粋な心意気を示すためにも鰹を買い、からし、醤油で舌鼓をうったのである。

一八一二年（文化九）三月二五日に入荷した一七本の初鰹に、一本二両一分から三両（現在の一〇万円ほど）という値がついたという話は有名である。うち六本は将軍家へ、八本は魚屋が仕入れ、三本を料理屋として名を馳せた八百善が買った。そして魚屋から一本を役者の中村歌右衛門が三両で買ったという。江戸のグルメの一端をみる話である。

初鰹売り。半切り桶にまな板・包丁が見える（『守貞謾稿』より）

しかし天保期（一八三〇～一八四四年）に入ると漁獲量が増え、値段も下がって、熱狂ぶりは嘘のようになくなっていった。

『浮世風呂』はさらに、鰻の蒲焼について、江戸前の蒲焼はぽつぽつと湯気の立つのを皿へならべて出して、食べるうちにさめたらそのままおいて、お代わりの焼き立てを食べるが江戸っ子さと、あつあつを食べるのが江戸の食べ方であることを強調する。『浮世風呂』の話はさらにお雑煮へと続く。

お雑煮とももんじや

「三年前の酢《すつぱ》くなつた沢庵二切。たま〳〵惣菜といふ所が鼠尾藻《ひじき》の中へひしこを三疋《びき》。精進日が荒和布《あらめ》（昆布）に油揚の細引いたのが二切さ。店の衆はてん〴〵に料理茶屋這入をして。うまい物のくすね食をするから能《いい》が。こちとらはつまらねへはな」

「早く帰つてお節の支度をせにやアならねへ。おめへン所は味噌《おむし》（おみそ）の雑煮か」

「うんにや。やつぱり醬油《したじ》のお雑煮さ」

「そりやア奇特《きどく》だのう。おらン所も醬油さ」

「屠蘇《とそ》もたゝき牛蒡《ごぼう》も……古風な餅も搗《つか》ずよ。角大《かくでえ》（炭の銘）を抱て剣菱《けんびし》（酒の銘）五《ごん》（五合）といふ正月だ。……もゝんぢい（猪鹿肉の料理屋）で四文二合半ときめべい」

（『浮世風呂』三編巻の上）


醬油の普及。正月の雑煮の定着。それに餅、たたき牛蒡、屠蘇が、正月にご馳走として作られたことがわかる。そして獣肉食禁止ではあったが、猪は鍋料理などで庶民が口にしていたことがここでもあきらかである。明治の文明開化のとき、牛鍋があれほど簡単に普及した背景には、こうした下地があったのであろう。

将軍家も、彦根藩の井伊家から牛肉の味噌漬けを献上されている。お上は「薬食い」ということで、これを食事とは別に食していたのである。結局、上も下も御法度とはいえ、獣類を食べていたことになる。もう少し、正月料理について。

「真四角《まつしかく》に切った餅を、菜も芋もいれずに殻盛《からもり》（餅ばかりいれたこと）で十八切。其跡《そのあと》で重詰の数子《かずのこ》と座禅豆で。茶漬をさらさらと三杯さ。……お昼は……汁《おつけ》が銀杏大根に焼豆腐の賽目（賽の目切り）。お平はお定りの芋胡羅葍《にんじん》、牛房大根。田作（ごまめ）といふ所を。あの田作が這入と臭くてならねへから。奢ツてさるぼう（貝）のむきみを入れやした。……田作鱠に鮏《しおびき》の焼たので、又六杯とお目にかけた（六杯も茶漬を食べた）。塩引ぢやア飯がすゝむよ」

「……餅《あんも》がよかろ。薄皮（薄皮饅頭）か。お焼芋か」

「……大福餅から。ゆで鶏卵。お芋のお田《でん》。なんでも通るものを買うと云出して騒ぎ立るだ（売りに来たものを片っ端から買い求めて行く話である）。御膳麦飯温《あつたか》い。ソレ来たと買ふ。正月屋（しるこ屋）でござい。ソレ買へと呼ぶ。……風鈴蕎麦（夜鷹蕎麦）を惣仕舞《そうじまい》にして。蕎麦屋に燗《かん》をさせてはとち食ふ（馬鹿食い）だ物を」（『浮世風呂』三編巻の下）

ここでは大食らいの話であるが、売り歩く商売に薄皮饅頭・焼芋・大福餅・茹で卵・お汁粉・おでん・麦飯・そばと、どこかの学園祭のような観があり、家にいながらにしてこれらを買うことができたということは、便利このうえない。食べる気がない者でも、煮売り屋の声を聞けばついつい手が出るというものである。

夏の名物、氷水？

季節はかわって夏ともなれば、暑い折の風物詩、夏の名物に氷水がある。

「氷水あがらんか冷《ひやっこ》い。汲立《くみたて》あがらんか冷い」

「ヲ、よい所へ水売《みずうり》が来た。ヲイ水屋《みずや》。雪女でも氷座頭（氷砂糖）でも入《いれ》て。四文がくだつし（おくれ）」

「ハイ〳〵道明寺《どうみようじ》（白玉）を入れませうか」

「ヲイ水や。そこにある砂糖をおもふさまぶちこんで一盃《いつぺえ》（一杯）くだつし」（『浮世風呂』四編巻の上）

氷水といっても冷たい水という意味で、はたしてどのくらい冷たかったかは疑問である。

しかし砂糖の普及は、夏の炎天下で水分補給とエネルギー補給の効はあったと思われる。その砂糖水すなわちシロップに、白玉団子が入っていればなおのことである。

長いこと砂糖は一種の薬扱いで、幕府ははじめ、オランダ、スペイン、中国などの外国と金《きん》と引き換えで輸入しており、財政困難になってきた将軍吉宗の時代に、やっと国産化にいたったという経緯がある。そして吉宗のこの賢察が、後の日本料理や和菓子の成立に欠かせない条件を作ったことになる。

次に江戸っ子が好きだった初物についての話を聞こう。

「何事も気の早いことさ。納豆をみなせへ。わしらは冬でなくては食ねへもんだと心得て居るに。ちかごろは八月のはじめから納豆汁だ」
「さやうさお前。霜月頃にたべたいと思つても。もはや納豆《なつと》〳〵ウの声もしませぬ。イエそれについておはなしがある。お江戸に産れた有《あり》がたい事には。年中自由が足《たり》る。初物は一ばんがけに食ふなり。その外《ほか》青物にせよ。魚類にせよ。四季ともに是一種《ひとしな》無いといふものがござりませぬ」
「それだから栄耀《えよう》にほげて（ほうけて）さまざまのごたくをつくすだ」
「イヱサ何なりとも四季に絶《たえ》ず。扨又孔方《さてまたおあし》（お金）さへ出せば一切用を足す所ゆゑ。お江戸に産まれた衆は豆が何時《いつ》出来るものやら。芋は何時《なんどき》に実の入るものやら。旬をしりませぬ。植つけがいつごろで刈時がいつだといふ事もむちや助さ（勿論知らない）。おまへ。わたしが先達て去《さ》る所へ参つたが其国は魚がめつさうに下直《げじき》（安い）さ子。此位ある。イヤほんに魚尺《うおじやく》は取らぬ物だといふが。何でも引立られねへ程の鰹が三十六文さ子。おまへ。肝の潰《つぶ》れた話だ子。なかなか五人や十人で食切らぬほどの大鰹が三十六文だから。片身骨付の方を二拾で買つてさし身にした。サ（ここ）がおつ（乙）さ子。かんじんの大根おろしという所が大根がない子。……江戸の衆に聴かせたい子」（『諢話《おどけはなし》浮世風呂』四編巻の下）

旬がなくなってきた

引用中に野菜の話も出てくる。惣菜にかかせない野菜売りのことを、青物商人といった。その中身は、「白瓜はどうだ子。唐茄子、十六大角豆《ささげ》。冬瓜《とうがん》丸漬瓜。柚、茗荷、青蕃椒《あおとうがらし》」。青物商人が店をかまえると八百屋となるわけである。

季節を食を通して感じとることは、それを食べながら「ああ、またこの季節になったなあ」という感慨と、一年たってまた食べることができる幸せ感などが交錯しているものである。引用にもあるが、それが崩されるのは嘆かわしい。

しかし人は、自然を何とかして自分の支配下に置こうとすることで「文化」をつちかってきたのであり、「納豆」についての江戸の庶民の嘆きは、現在の我々の食品に対する旬や季節感の喪失のそれとそっくり同じである。歴史は繰り返しているのであろう。また、都会人の作物の知識のなさを嘆くあたり、現在にも通じる話で耳が痛い。

この引用のあと、江戸を離れれば、大根を手に入れるのに六里も行かねばならず、大根の値段のほうが鰹より高くなる。江戸のように鰹がよく売れれば高値になるが、すぐ手に入らない場所でも買う人が少なければ値が下がると講釈が続く。

この『浮世風呂』は庶民の会話を、おかしさの中にもリアルに描き出しているので、当時の庶民層の暮らしぶりがわかる格好の資料である。もっとも、著者三馬が実際にしている商売の広告までしっかり入っている点なども考慮して読まねばならないのだが。

以上、小説とはいえ、庶民の生活を活写したものとして名高い『浮世風呂』を通じて、庶民層のつましさのなかにも、それなりの食の楽しみとこだわりとがあるのを見てきた。

そこには、生活のために必死に働きながらも、それを笑いとばしてたくましく生きる庶民の顔が見える。買う方も売る方も、お互い仲間のような気配がある。庶民の脱線をお上が再三高札を出して取り締まっても、いつしか元に戻ってしまい、それが繰り返されていくのである。

さて次節では、江戸に集まってきた材料の豊かさが食の文化を向上させ、和菓子をその極致にまで導き、かたや大食い競争なるものまで生み出していくさまを述べてみよう。

3　和菓子の世界

砂糖も西から

菓子といえば通常甘いものを想像し、すぐ砂糖が連想されるが、江戸の初期まで砂糖は高価なものであった。すでに述べたように、そもそも砂糖は薬扱いされた輸入品であって、我が国での栽培は、将軍吉宗が奨励して四国の讃岐で和砂糖の生産に成功（現在も和三盆《わさんぼん》として有名）してからであり、薩摩での琉球との交易品が普及したこともあり、江戸も中期以降になると庶民にも手が届くものになる。

この砂糖の精製には手間がかかることもあって、白砂糖は上等の菓子に使われた。上流階級においては、茶道の普及とも重なって菓子の種類も飛躍的に多くなり、まずは京都で和菓子が発達して、のちに江戸にその技法が下ってくる。

しかし一般庶民は、精製度の低い廉価な黒砂糖の使用を余儀なくされたために、雑菓子《ざつがし》が発達した。この雑菓子は、駄菓子という名にかわって庶民の菓子となり、現在では仙台駄菓子などが有名である。

甘みは、果物やはちみつなどの自然物で甘いものを利用することから始まって、中国伝承の麦もやし、すなわち麦芽を利用しての水飴が平安時代からつくられていた。この伝統は長く、ぎょうせん（凝煎飴）という麦芽の水飴を、享保（一七一六〜一七三六年）から作り続けているという飴屋が香川県三木町にある。

このような酵素、あるいは麹《こうじ》のような微生物を使っての加工品は、温度・湿度の管理が大変なものであるが、これらによって飴や甘酒を作っていたのには脱帽する。また甘葛《あまずら》という植物の幹からでる樹液を煎《せん》じて取りだした「あまずら（いり）」が、平安時代の貴族の間でも珍重されていた。これはすでにふれた『枕草子』の中で、夏の食べ物では削り氷にこれをかけて食べるのが最高である、という記述からも知られる。

さまざまな菓子

菓子は、唐菓子《からくだもの》として、奈良時代に中国から仏の供物として我が国に入ってくる。これらは今でも作られているが、小麦粉や米の粉を材料にして油で揚げるものであり、その後そうめん、うどんなどに発展していったといわれるものである。これらは平安時代になると貴族の饗宴に形をかえて登場し、塩、醬《ひしお》、甘葛煎《あまずらせん》、飴などをつけて食べられていたと考えられている。

このほか菓子としては、暦応年間（一三三八〜一三四二年。貞和五年〔一三四九〕とも）に、帰化人の林浄因が奈良で蒸し饅頭を伝え、塩瀬姓を名乗ったと記録されている。また室町中期には、砂糖饅頭や菜饅頭が京の都で売られていた。

米を搗《つ》いて作るもち類にも、小豆や大豆を入れたものがあった。米粉でつくるせんべいとしては、醬油をぬったものは江戸でのことで、それ以前は塩せんべいがもっぱらであり、湿度の高い我が国では保管がたいへんだったと思われる。米粉製のせんべいは関東に多く、草加《そうか》せんべいが有名である。小麦粉せんべいは中に混ぜる材料でさまざまな種類がある。たとえば玉子せんべい、胡麻《ごま》せんべい、味噌せんべい、吹寄せのようなものである。

麩《ふ》の焼《や》きは千利休の考案になるといわれている。これは、小麦粉をうすく焼き上げて味噌を塗ってまいたものである。せんべいは先の唐菓子の一つから生まれ、油で揚げずに焼いて日本独自の菓子となったものである。

もち菓子は草もち、牡丹《ぼた》もち、柏もち、椿もちなどで、江戸の向島《むこうじま》の長命寺《ちょうめいじ》の桜もちも有名であった。大福もちは江戸でもてはやされた菓子である。大福もちの起源は、一七七二年(明和九)の冬に、江戸の小石川簞笥《たんす》町のお玉という貧しい後家が、白いもちに塩あんをくるんで売りはじめたことから始まったという。砂糖あんは寛政になってからとされる。『江戸語の辞典』には、「初め腹太餅《はらぶともち》の別名であったが、後、それより形が小さく砂糖を加えた漉餡《こしあん》入りの焼餅をいう。享和二年・綿温石奇効報条『大ふくもち、あつたかい』(売り声)」とある。ほかにもち粟《あわ》で作った粟もちもよく食べられた。江戸ではせんべい饅頭なるものもある。

そして次に述べるように、室町時代に菓子の世界では画期的な南蛮菓子が入ってくる。

南蛮菓子の魅力

南蛮菓子の特徴は、砂糖、卵を使うことで、とくに砂糖の菓子は人々を魅了した。砂糖の輸入は飛躍的に増え、なかでもこんぺいとう（金平糖、confeitos ポルトガル語）は人気があり、その製作法は井原西鶴『日本永代蔵』巻五「廻り遠きは時計細工」にある。すなわち、

「此の金餅糖《こんぺいとう》も種のなきにや、胡麻より砂糖をかけて。次第にまろめければ、第一、胡麻の仕《し》掛《かけ》に、大事あらん」と、思案しすまし、まづ、胡麻を砂糖にて煎じ、幾日もほし乾《かわらげ》て後《のち》、煮鍋《いりなべ》へ蒔《まき》て、ぬくもりのゆくに、したがひ。ごまより砂糖を吹出し、自《おのず》から、金餅糖となりぬ。胡麻壱升を種にして、金餅糖弐百斤になりける。壱斤四分にて出来し物、五匁に売りける

とある。現在はグラニュー糖を芯《しん》にするそうで、胡麻やけしの粒は出てこない。できるまで一〇日くらいかかるという、手間のかかる菓子である。他に有平糖やカルメラなどもこの時代からのものである。

砂糖だけではなく、小麦粉、砂糖、卵を原料にした焼き菓子も伝わり、とくにカステラ

は、オーブンのない我が国では作るのが難しかったと思われるが、長崎では多くの工夫の末、今や本国をしのぐ製品に育てあげ、日本の菓子になっている。

江戸時代にはこの「かすてら」は、酒の肴や料理にもちいられていた。料理とは、椎茸との煮しめなどである。なお、茶道における懐石料理の献立でも、初期では「果子《かし》」といいながらも、水菓子（くだもの）、木の実、昆布、きのこ類がもちいられている。

江戸の飴売り

飴は古くから作られていたものであるが、江戸では庶民相手にいろいろな飴売りがいた。「千歳飴」――これは「ちとせ」ではなく「せんざい」と読む。浅草で七兵衛という飴売りの考案によるものとか。寿命糖といわれたともいう。

筆者が子供の頃の縁日などでも、子供相手の飴細工《あめざいく》売りがいて、あまりの器用さにみとれたものだが、江戸でも鳥の形に細工する飴売りがいた。

また飴売土平という者が、奇抜な服装をして踊りながら囃子《はやし》ことばをいい、飴を売ったという。これは明和（一七六四～一七七二年）から天保（一八三〇～一八四四年）にかけてのことのようだ。この土平のあと、飴売りの奇抜な売り方が流行し、お駒という女性の飴売りも出て「お駒が飴」といわれ、人気を博した。飴を買うと、

「お駒が飴買うてお呉《くれ》た、又買うて、うれしの森か鈴ケ森、薄《すすき》の中に現はれて、御礼を云う

てにつこりと、笑う姿がアレアレアレ、チョトごらんホ、、」といって踊ったという。

このほかどんな飴かわからないが、「アンケラコンケラ糖」とか「なまいだ飴」「あめこかいな飴」「あんなんこんなん飴」「お万が飴」などがあった。また「江戸の飴店は必ず渦を描けり（看板に渦が描かれている）、今担い売りにもこれを描くものあり」と『守貞謾稿』にある。

和菓子の特徴

上流階級の菓子は、京都の御所の御用菓子である虎屋や川端道喜《どうき》などに代表される。また茶道にもちいる菓子として日本の和菓子は、あん、小麦粉、各種米の粉、寒天などを使い、蒸し・練る操作などをもとに形を細工し、四季の風物や古典小説、和歌などに見合わせたものの名称をつけることを特徴とする。くわえて落雁《らくがん》のような型押し菓子なども江戸時代に発達した。

ようかんは中国渡来のものを源とするが、江戸で寒天と砂糖を使用したあんようかんができ、それまでの小麦粉入りの蒸しようかんは主流からはずれてしまった。琵琶湖北岸の近江商人の出身地、近江八幡の丁稚《でっち》ようかんは、丁稚が里帰りのおみやげにしたようかんだそうだが、素朴な竹の皮で包んで蒸したその姿、淡白な味は、その頃を想像させるものがある。

江戸の菓子店

『守貞謾稿』は、江戸の菓子店の特徴としてつぎのように述べている。

江戸の菓子店、必ずこの招牌《しょうはい》（看板）を路上に出す。京坂にはこれなし。招牌は菓子蒸《せい》籠《ろう》の形なり。すなわち周《まわ》りは青漆、中は朱である。文字は黒漆にてかいてある。飾積物に用いる蒸籠は、この台を除いたものと同形で大きいものであるが、招牌はその小形化したものである。

江戸の菓子店は、暖簾《のれん》も他店と同形を専《もっぱ》らとする。某堂・某亭・某園などと風流の号をもちい、またのれんに帆用の広木綿を白のままにて粉引きとし、某堂などと墨書きするものが多かった。

菓子がこれだけ普及、発達していれば、もちろん料理の世界も同様であって、出版界の発展にともなって、料理書が読み物として流行する。その中でもピークは『豆腐百珍』を代表とする百珍物で、一〇〇例の豆腐料理をのせたものである。次にはその料理書や食のゲーム化について述べることにしよう。

料理書の盛行

流通機構も発達し、食の分野でも食品の種類が増えて、庶民にもお金さえあればいろいろなものが手に入る江戸時代も半ばになると、おのずから料理法も多彩になり、料理書の流行を見ることになる。料理書はそもそも、大名などが抱えていた料理人たちによって書かれた。彼らは室町期にでき上がった流派に属しており、これらの流派における秘伝書のような形で、たとえば『大草家《おおくさけ》料理書』などが書かれた。

一般の人を対象に出版された最初のものは『料理物語』（一六四三年〈寛永二〇〉）であり、武州狭山の人の作ではないかといわれている。その後版を重ねており、よく読まれていたようである。料理本の出版状況は文化・文政期（一八〇四～一八三〇年）にピークを示し、主だった料理本の数はおよそ二〇〇冊ぐらいになるといわれている。

一七八二年（天明二）に大坂で出された『豆腐百珍』は、翌年江戸でも売り出され、その後の「百珍物」の流行のさきがけとなった。豆腐料理を一〇〇種類集めたもので、豆腐に関する歴史や文化的知識をも記載しており、一〇〇種の料理を並べ立てるのではなく、尋常品・通品・佳品・奇品・妙品・絶品の六等《ろくしな》にランクづけした内容が目新しく、読み物としても人気が高かった。続編も出て、これも流行した。

そして第三の豆腐料理書『豆腐百珍余録』が出るにいたる。この本は前の二冊と異なり等級づけもなく、種類も料理法四〇の記載にすぎない。

正編『豆腐百珍』は豆腐の六ランクの分け方につき、凡例として解説しているが、「絶品」については、

絶品は、さらに妙品より優れるものである。奇品・妙品は、最も美味といえども、膏粱《こうりよう》（うますぎる）の慊《きらい》なきにしもあらず。絶品は、珍奇・模様にかゝわらず、ひたすら淮南《わいなん》の真味を覚べき絶妙の調和をしるす。豆腐嗜好の人是《これ》を味うべし。

とする。

その絶品は、揚げながし・辣味《からみ》豆腐・礫《つぶて》でんがく・湯やっこ・雪消飯《ゆきげめし》・鞍馬《くらま》とうふ・真のうどん豆腐、の七つである。

「揚げながし」は揚げ豆腐の湯豆腐版。「辣味豆腐」の辛味は生姜《しようが》。礫でんがくは、豆腐を二センチ五ミリ角、厚み一センチ五ミリに切り、串に三個ずつ刺して、狐色になるまであぶる。串からはずして陶製の蓋つき茶碗に入れ、からし酢味噌をかけて、けしの実をふる、というものである。「湯やっこ」は湯豆腐であるが、葛湯《くずゆ》であたため、生《き》醤油を煮立てて花鰹をいれてこし、ねぎ、にんじんおろし、からし粉を入れる、とある。

江戸中間層のグルメぶり

続編も同じ形態の内容で編集されている。田楽の名前の由来が、図入りで説明されている。『豆腐百珍余録』は、すでに江戸で刊行されていた『豆華集《とうかしゅう》』の題名を変えたもので、『豆腐百珍』に比べると料理のランクづけもされておらず、目次もないが、江戸前の風流ということでそのまま出版する旨が前書きに記されている。料理数も一〇〇はなく四〇でおわっている。

それにしても、一つの食品についてこれほど読ませる本が出版され、人気を博したことは、次に続く「百珍物」をもあわせて、江戸の中間階層のグルメぶりがうかがわれる。『豆腐百珍』の序文の終わりの七言絶句を紹介すると、

淮南遺述百珍成　飽食富翁潔腹生　皆是澹然堪味道　腐儒日得一斎名

大意を『日本料理秘伝集成』第九巻（原田信男・奥村彪生編、一九八五年、同朋舎出版）より引用すると、

淮南から伝えられた豆腐の百種類もの料理法の本ができた。
美味飽食にあきた金持の老人も、豆腐によって胃腸をきれいにして長生きする。
これらは全てさっぱりとして美味なものである。

役に立たない学者たちは、この本が一度に名声を高めることに驚くだろう。

この著者の意図通り、「百珍物」は流行した。「珍」というのは美味を意味し、『鯛百珍料理秘密箱』『新著料理柚珍秘密箱』『諸国名産大根料理秘伝抄』『万宝料理献立集』『万宝料理秘密箱』と続き、甘藷《かんしょ》、海鰻《はも》、蒟蒻《こんにゃく》の百珍物の出版をみた。

『万宝料理秘密箱』の前編巻二～巻五は卵の部で、一〇三種類もの卵料理である。話題になった料理に「黄身返し卵」というのがある。新鮮な地卵を頭の方へ針で一寸ほど穴をあけて、ぬか味噌に三日漬けて取り出し、ゆでると黄身と白身が入れ替わるというもの。

卵の部の最後に、卵殻ともに切る仕方というのがある。新鮮な卵を一時間酢につけ、その酢で蓋をせずにゆでる。そのゆで卵を酒にちょっと漬けて、薄刃包丁で切ると、一五枚くらいに切れるという。

そしてこの本は前編五冊、二編三冊、三編三冊、四編三冊、『献立集』二冊の計一六冊からなり、本の利用方法まで書き、効用大であることを強調している。それだけ料理が遊びの要素を持ってきたといえる。著者である器士堂は前書きに次のような内容を述べている。

これらの料理書を五通りとも（五編とも）趣向くみ合せ等を書いた。各品がかわったり、いかようの難しさであっても、珍しき料理にても心安く作ることができる。そしてつれづれの話相手にもなる。または御進物にもなって、はなはだ珍しく重宝な本である。魚類、精進料理を分けたので、御寺方へのご進物としてもつかえる。風流の御方には平生のおなぐさみにもなる書である。

珍しいものを作るための料理本は、ここにきて話の種と贈答品という役目も付加されたことになる。外食でのグルメのみならず、料理をつくるグルメも増えたといったところだろうか。進物としてもらった人も、しゃれた贈物として喜んだのであろう。話の種だけなのかもしれないが、料理書氾濫《はんらん》時代は豆腐で始まったといってもよさそうである。

食のゲーム化

慶安（一六四八～一六五二年）の頃というから江戸も初期になるが、江戸・大塚に、地黄《じおう》坊樽次《ぼうたるつぐ》という者がおり、大酒飲みで酒戦をおこなったとある。この酒戦にもちいた盃《さかずき》は七合入るという大盃だったという。

これらの基盤の上に一九世紀、江戸も後半にさしかかる頃、一八一七年（文化一四）に両国・柳橋にある万屋《よろずや》八郎兵衛の屋敷にて、「大酒大食之会《たいしゅたいしょくのかい》」なるものがもよおされた。競った食べ物は酒、菓子、飯、鰻、そばなどで、昨今のテレビ番組での大食い競争は、すでに江戸人がやっていたことでもあった。

まず大酒のグループでは、三升入の盃を六杯半飲んで倒れ、長い休憩の後、水を茶碗に一七杯飲んだのは芝口の鯉屋利兵衛三八歳であった、と記録されている。

菓子のグループでは、饅頭を五〇個、ようかん七本、薄皮餅を三〇個一気に食べたうえに、茶を一九杯飲んだ者がいた。

飯の部では飯五〇杯、唐辛子五把、あるいは飯五三杯に醬油三合などの記録があり、茶碗の大きさは茶漬け茶碗をもちい、万年味噌をおかずに香の物つきで競っている。

そばは中型の平（皿状の椀）に盛り上げたもので六三杯。おもしろいのは鰻で、何匹という争いではなく、金に換算されているのでよくわからない。最後に真偽のほどが怪しい旨まで書かれているが、こういうことがおこなわれ、食を遊戯化していたことがわかる（『文化秘筆』『未刊随筆百種』第八、臨川書店、一九二七年）。

以上、江戸の化政期には、グルメ化した一部の江戸町人たちは、こんな遊びまで発展させたということを紹介した。次章では、上層階級向けに発展した外食文化である「料理屋」についで見てみることにしよう。

第五章　究極の料理茶屋、八百善

1　料理茶屋の出現

元祖奈良茶飯屋

明暦の大火（一六五七年〈明暦三〉）は、いわくつきの振袖を焼いて火事になったということから「振袖火事」といわれるなど、大火ゆえにいろいろな話ができたようである。江戸開府から約五〇年たってのこの火事は、江戸市中をなめまわすように焼いていった。それまでは、江戸には料理を食べさせる店はなかったというが、この火事の復興の中から、前述した「奈良茶飯屋」ができる。奈良茶飯というのは、もともと奈良地方の茶粥《ちゃがゆ》のことという。

なお、本書で何度も言及している明暦の大火が、別名「振袖火事」と呼ばれたことにつき、このいわれを栄森康治郎氏の『水をもとめて四〇〇年』（一九八九年、TOTO出版）から引用しておくと、「浅草の商人大増屋十右衛門のむすめ『きく』は、恋人の着物と同じ模様の紫ちりめんの振袖を作ったが、明暦元年一月一六日、一七歳でこの世をさり、振袖は本郷丸山の本妙寺に収められた。本郷元町の麴屋吉兵衛の娘『花』は、古着商を通してこの振袖を求め、やがて病死し、振袖は翌明暦二年一月一六日柩《ひつぎ》とともに再び本妙寺に収められた。今度は麻布の質屋伊勢屋五兵衛の娘『たつ』は、また、古着商を通してこの振袖を求めたが、間もなく病死し、振袖は明暦三年一月一六日柩とともに、三たび本妙寺に収められた。寺では、この不思議な振袖を二日後の一八日に焼き払ったが、火の付いた振袖は舞い上がり本堂に燃え移り、火は広がって大火となり、振袖火事の名が生まれたと言う」。

さて、奈良茶飯の起源は東大寺、興福寺からで、本山荻舟『飲食事典』（一九五八年、平凡社）を引用すると、

まずよい茶を煎《せん》じて初煎と再煎とを別々に取り、初煎の濃い方はそのままとして、まず再煎の淡い方を用い、塩少量を加えて飯に炊《た》き常のごとく蒸《む》らしてよく熟した時、初煎の濃い方に浸けて食うのが本格となっている。これへ炒《いり》大豆、炒黒豆、赤小豆、搗栗《かちぐり》等を加えたのを豆茶飯、また栗茶飯といい、『料理献立早仕組』に「塩味にするのは悪く、醬油と酒とで調味したのが美味」とあるのは後世の手法であり、江戸以来の茶飯が実は茶飯でなく、醬油飯に変わったのもこれ等の影響であろう。なお営業としてのいわゆる茶飯屋は、古来京阪にはあまりなく却《かえ》って多く江戸に行われ、餡懸豆腐《あんかけとうふ》を添えるのが定式であったが、さすがは発祥地の奈良では猿沢池畔の柳屋が「名物奈良茶飯」と称して、風雅な設

備に古風を伝えた。

とある。

多くの人が行き交う江戸での食事は、必要に応じていろいろな形での食べ物商売を発展させた。下町のあまり豊かでない人々は、時折安い屋台売りやけんどんそば屋などで食欲を充たし、それに対して、神社にお参りをしたり、盛り場に行って見世物を見たりするいわゆるハレの日には、少しはずんで一膳飯屋で食事をするのであった。『守貞謾稿』の「茶漬屋」の項には、

元禄六年印本『西鶴置みやげ』に曰く、近き比《ころ》、金竜山の茶屋に一人五分づつの奈良茶を仕出しけるに、器のきれいさ色々調へ、さりとは末々（下々）の者の勝手能《よ》き（便利な）ことなり。なかなか上方にもかかる自由なし、云々。金竜山は今の待乳《まつち》山を云ふなり。一人五分は価銀五分なり。……『事跡合考』に曰く、明暦の大火後、浅草金竜山の門前の茶屋に始めて茶飯・豆腐汁・煮染《にしめ》・煮豆等を調へ、奈良茶と号けて出《いだ》せしを江戸中端々よりも、金竜山のならちやくひに往かんとて、特のほか珍しきことに興《おぼ》えり。それより追々《おいおい》、さまざまの善き膳店出来しより、いつしかかの聖天《しょうてん》の山下《やました》の奈良茶衰微に及べり、云々。

深川八幡宮の料理茶屋・二軒茶屋（『江戸名所図会』より）

とある。明暦の大火は一六五七年であるから、奈良茶飯屋はそれ以後ということになる。元禄期は一六八八〜一七〇四年であるから、右のように西鶴が描いたのは、明暦の大火から三〇年ぐらいたってからのようすである。なお、『事跡合考』（一七四六年〔延享三〕）には金竜山の奈良茶飯の話はなく、山東京伝『近世奇跡考』（一八〇四年〔文化元〕）にほぼ同文がある。守貞はここからとったと思われる。

　山東京山の著した『蜘蛛の糸巻』の「料理茶屋」の項には、一五〇〜一六〇年以前には江戸には飯を売る店がなく、天和の頃に初めて浅草並木に奈良茶飯の店ができて、人々が珍しがって「浅草の奈良茶飯喰はん」といってわざわざ出かけていくと草子にでている、と述べられている。

天和といえば、一六八一年から一六八四年のことである。京山自身は一七六九年（明和六）生まれというから、すでに「浅草の奈良茶飯」はなく、あちこちにひろまっていたものと思われる。

この奈良茶飯屋は、飯と汁と菜がセットになった食事の外食店の始まりである。引用中にある浅草の金竜山すなわち待乳山の聖天さまは、大根をまつっていることで有名であり、境内にはいろいろなところで大根の図柄を見ることができる。

現在はそこから隅田川を見ることはできないが、江戸時代は見晴らしがきいていて、さぞかし良い眺めだったに違いない。大川（隅田川）の流れを見ながら奈良茶飯に舌鼓をうった人々を、境内に立って目を閉じて想ってみると、江戸のにぎわいが聞こえてくるような気がする。

この奈良茶飯屋は人気を呼び、『守貞謾稿』は続けて、「今世、江戸諸所に種々の名を付け、一人分三十六文あるひは四十八文、あるひは七十二文の茶漬け飯の店、挙《あ》げて数ふべからず」と述べている。河崎の万年屋が奈良茶飯でにぎわう絵図（八六ページ参照）を見ると、その繁盛ぶりをしのぶことができる。

やがて、往来での立ち食いのような食べ物売りや、店を構えての「そば」とか「すし」、「蒲焼」などといった単品ではなく、セット料理を出す店が主だった繁華な街に出現する。

そして江戸も後半になると、一膳飯屋などは「料理茶屋」に発展していく。じつはもう一つ、日本料理を発展させた場所として、遊郭での仕出し料理屋があるが、本書ではこちらの方は割愛することにしよう。

さて、座敷を構えての料理茶屋は、江戸留守居役の武士たちが政治談義をおこなうのにうってつけであった。はじめこそ接待と称して屋敷に出入りしていたが、やがて外部で会う場所が必要となった。また、商人が経済力をバックに勢力をもち、そのさまざまな交渉などにも料理茶屋は格好の場所であり、それだからこそ発展したともいえる。

天災・飢饉や流行病や火事と、何がおこるかわからない社会ではあったが、戦がないということはやはりなんといっても安心して暮らすことができた。こうした中で、近江商人や伊勢商人といわれる人々が江戸をはじめとして勢力をのばし、物資が豊富に出まわり、町人たちの奢《おご》りもエスカレートしていく。

また、町人が教養としての趣味を持つことで文化面も栄え、豊かな人々の中に文人墨客《ぶんじんぼっかく》という階層を育て、それらの人々もまた料理茶屋を訪れ、記録に余念がなかった。

そうしたものの中に山東京山『蜘蛛の糸巻』や『寛天見聞記』などがある。そのあたりから見てみよう。

本格派料理茶屋、升屋

『蜘蛛の糸巻』によると、明和（一七六四〜一七七二年）の頃に、深川・洲崎《すざき》に升《しよう》屋祝阿弥《おくしゆくあみ》という料理茶屋ができた。亭主は京都の丸山を真似て剃髪《ていはつ》にし、阿弥という名前を使った。夫婦して機才に富み、升屋の住居は、「二間の床《とこ》、高麗縁長押《なげし》作り、側付を広敷とし、二の間、三の間に座しきを囲ひ」、庭には小亭・数寄屋・鞠場《まりば》までこしらえており、豪華この上なかったという。

こういう所に出入りする人は、大名の中でも通人といわれる人たちであった。また升屋の名声があがったため、諸家の留守居役が振る舞いをする時はここ、というのが定石となったという。これほどに繁盛した升屋も、残念ながら一七九一年（寛政三）九月四日の津波でながされ、消滅してしまった。

この升屋の料理を見ると、江戸中期から後期にかけての上層部の料理の世界を見ることができる。

〈一七八二年（天明二）一月の献立〉

御吸物　鯛切め、尾、はたな、めうど
御硯蓋《すずりぶた》　かやせん、かちぐりせん、はたはら、のり巻酢、ところ、さけずし、伊勢海老、生姜
御小皿　おろし大根、このわた、酢びてうお、田作り、ほおずき

御吸物　しほ安こう、こんぶしん、黒くわい、ぜんまい

御膳部

御向　たら子付、さるぼ、昆布、わさび

御汁　米つみ入、かぶ、からとり

御飯

小猪口　いりざけ

御煮物　いりとり鴨、こんにゃく、菜

御焼物　ほうろく、甘鯛、ふきのとう

御湯

御菓子　さらさようかん、さわらび

御吸物　うす味噌、まて、岩茸、辛子

御肴　漬鮎、うにとん、塩うつほせん、なすび、唐辛子

御肴　こしょう味噌、ふか、す貝、さより、わけぎ

御鉢　大ふな、若大根、山しょう

御茶碗　ちよ麩、琉球芋

御肴　うど黒あえ、色白あえ

一　味噌づけ、ちょろぎ

山川酒

一　塩鯛、貝わり、河たけ、花鰹

一　青す、みる貝、ぼう風、ひじき、栗

一　ばか、芋（里芋）、ちんぴ

御吸物　鯛骨、鯛目、みょうがたけ

御肴　竹の子、白魚千疋、にしん

御吸物　赤味噌、もろこ、たたき大根、ねぎ

御夜永

御坪　今出川、味噌かけ

御茶わん　いけな、飯

椀もり　ほうほう、若芽

御香の物

御湯

御菓子

御乾肴　あしのはかれい、長いももん、青海苔、くわい、昆布、ゆば、のり

（石井治兵衛『日本料理法大全』）

以上、気の遠くなりそうな献立であるが、食べるのにどのくらいの時間がかかったのか興味のあるところである。御吸物が多いのは、お酒の肴としてもちいたからである。二年後の記録は、

〈一七八三年（天明三）弥生四日深川・洲崎升屋望汰欄《（ママ）》の食次《（ママ）》回の献立〉

御吸物　唐辛子味噌、鯖、もみ大根、ねぎ
御小皿　小川たたき、葛いり酒、わさび
御香物
御肴　鯛小付、蓮根、木の芽酢
御肴　いはる、一白うを玉子鮨、ゆば、岩茸、みつば、生ずし、たで
御吸物　薄味噌、焼満中、すぎな
御膳　御汁、蕨
御□（不明）　御飯
御烹物　むしり鯛、菜筍、麸《ふ》
御焼物　もろあじ、半ぺん、うま焼
御肴　とこぶし、あなごかまぼこ、蟶（まてがい）、小ささゐ木のめあへ、さるぼ、
はまぐり

御茶わん　御飯切あへ、焼豆腐
御吸物　さより、黒くわゐ、ぼう風
御茶わん　薄葛、こんにやく、辛子
一豆くわい
御香物

（大田南畝『一話一言』巻三九）


その品数の多いのに驚かされる。

天明三年は大飢饉のあった年である。二年前に比べれば少しは縮小しているようにも見えるけれど、世上は飢饉でたいへんなことになっているのだが。

通人の好んだ料理茶屋

この頃の料理茶屋が文人にいかに利用されていたかをうかがうのに、四方山人（大田蜀山人）作の『料理献立《あたま》頭てん天《てんにくちあり》口有』（一七八四年〈天明四〉）という黄表紙がある。江戸での料理茶屋の双璧として、升屋と樽三《たるさ》ぶをもちいている。

この樽三ぶは一七七一年（明和八）から一七七五年（安永四）にかけて埋め立てられた新地（隅田川と箱崎川の分流点）にあり、この中州は茶屋、見世物などでにぎわった遊興地であったが、一七八九年（寛政元）に取り壊されてしまった。この黄表紙には当時の料理茶屋のようすがよくえがかれており、評判の食べ物なども記述されていておもしろい。

さて、天明以後、通人たちが好んで遊んだ料亭は、葛西太郎（後の平岩、向島）、大黒屋孫四郎（須崎）、甲子屋（真崎）、二軒茶屋（深川）、平清（深川・土橋）、百川《ももかわ》（浮世小路）、万八楼（柳橋）、金波楼（浅草今戸町）、八百善（新鳥越）などで、その多くは隅田川沿いの眺めのよい所に設けられていた。そして升屋なき後の高級料理屋のトップに納まったのは、なんといっても八百善ということになる。

2　八百善の戦略

江戸第一の料亭

八百善は現在も営業している店であるが、はじめはその名の通り八百屋だったという。後述するが、四代目の善四郎から料理屋に転じて有名になる。この善四郎は知恵者で、商売に対する努力には目をみはるものがあった。文政年間（一八一八～一八三〇年）には、当時の有名人であった文人の蜀山人をして、

詩は五山、役者は杜若、傾はかの、芸者はおかつ、料理八百善

と言わしめているほどであり、江戸第一の料亭として繁盛した。

茶漬けのエピソード

あまりにも有名な八百善のエピソードの発信もとは『寛天見聞記』（著者不明）という本である。当時の八百善はどんな料理茶屋だったのだろうか。

　享和（一八〇一～一八〇四年）の頃浅草三谷ばしの向に、八百善といふ料理茶屋流行す、深川土橋に平清、大音寺前に田川屋、是等は文化（一八〇四～一八一八年）の頃より流行せし料理屋也、或人の噺《はなし》に、酒も飲あきたり、いざや八百善へ行て、極上の茶を煎《せん》じさせて、香の物にて茶漬こそよからんとて、一両輩《はい》（仲間）打連《うちつれ》て八百善へ行て、茶漬飯を出すべしと望《のぞみ》しに、暫《しばら》く御待有べしと、半日ばかりもまたせてやうやうにかくや（一種または数種の古漬けものを細かく刻んで醤油をかけたもの）の香のものと、煎茶の土瓶《どびん》を持出たり、かの香の物は、春の頃よりいと珍らしき、瓜茄子《うりなす》の粕漬《かすづけ》を切交ぜにしたる也、扨《さて》食おはりて価をきくに、金一両弐分なりと云、客人興さめて（びっくりして）、いかに珍しき香の物なればとて、あまりに高値也といへば、亭主答て、一ト土瓶へ半斤は入らず、茶に合たる水の近辺になき故、玉川迄水を汲《くみ》に人を走らしたり、御客を待せ奉りて、早飛脚にて水を取寄せ、此運賃莫大也と被申《もうされ》ける

八百善（『江戸流行料理通』より）

というものである。この頃すでに八百善といえば高級であったのであろう。茶漬けを八百善でと思い立った客は、どんな階層の人だったのであろうか。いろいろ食べ飽きての慰《なぐさ》みというからには、よほどの遊び人だったのか。八百善の料理の中で安いものだったから選んだのか、などと思ってみたがそういうことではなさそうである。第二章での引用と重複するが、その後に続く文章を紹介しよう。

其頃煎茶の事流行して、客を招《まねき》て煎茶を数瓶出す、客その茶の銘と、水の出所を呑わくる（飲み分ける）、是《これ》は玉川、是は隅田川、是は何処の井の水と云を定るを賞美せり、茶の口取（茶菓子）は船橋屋織江がよしなど、皆おごりといふべし、八百善の咄も、香の物に茶漬けならば、己《おの》が家にも有《ある》べきを、料理屋に行て茶漬けなど、無益の金銭を捨る事戒《いまし》むべし、

とある。最近の日本でも名水ブームであるが、江戸でも茶との組み合わせではあるが、水へのこだわりはあったのである。

それにしても八百善の茶漬がどれくらいおいしかったのかを聞きたいものである。時期はずれの香の物も珍しいものであった。現在のように旬もわからなくなった状態では価値もわからないが、江戸時代の季節はずれのものには多大な努力が払われていたに違いなく、またその高い材料を口にできたという優越感に大枚をはたく人間の心理をうまく商売に利用していたといえよう。

八百善は料理だけでなく、後述するが、このほかにもいろいろな工夫をして商売を繁盛させている。ここで、茶漬に使った水のことにすこし触れておこう。

江戸の水事情

八百善が茶漬のための茶を入れる水を玉川まで汲みに行かせた話は、江戸の水が湧き水ではなく、また掘り抜きでもなくて、水道であったために起きたことであった。

家康は、江戸湾に面した荒野に等しい江戸には飲料水が乏しいことを知り、上水道工事を

大久保藤五郎忠行という家臣に命じ、藤五郎は小石川上水《こいしかわ》（後の神田上水《かんだ》）を造ったという（『校註天正日記』）。

ところでこの藤五郎という人物は、菓子を作るのが得意だったそうで、水質についてもまた詳しかったのだという。藤五郎は上水造りの褒美《ほうび》に「主水《もんと》」の名を与えられた。そして上水開設後、幕府の御用菓子司大久保主水となったという。彼の屋敷前の井戸は「主水の井」と呼ばれ、その良質なことで有名であった。菓子作りと水の善し悪しはたしかに深い関係にあり、彼はかなり水にこだわりを持っていた人物らしい。

家康は江戸開発のために運河を造ったり、湿地を埋め立てたり、橋をかけたり、土木工事を精力的に推し進めている。現在も「溜池山王」という地下鉄の駅名でその名を残している溜池は、自然の溜池になっていたが、ここからも上水を引いて江戸の西南部に水を供給した。この溜池は明治末までには埋め立てられている。

江戸城は、日比谷入り江を見下ろす位置にあり、神田山を削って眼下の海を埋め立てている。考えてみれば現在も、江戸湾（東京湾）は営々と埋め立てられているわけである。

江戸の発展にともなって水の需要はふえつづけ、一つの上水ではまかないきれず、一六五四年（承応三）には多摩川を水源とする上水を造っている。これが二大上水のひとつである玉川上水で、羽村《はむら》から四谷大木戸《よつやおおきど》まで、距離にして約四三キロになった。

その後、一六五九年（万治二）亀有《かめあり》上水、一六六〇年（万治三）青山上水、一六六四年

（寛文四）三田上水、一六九六年（元禄九）千川上水が造られた。しかしその後神田上水と玉川上水以外は廃止された。玉川上水の絵図をみると、内藤新宿から暗渠《あんきょ》になっており、その技術の高さに驚かされる。木樋《もくひ》で送水し、水量や水質を検査する「溜」という水見枡《みずみます》も作られている。

深川のような海に近い下町は、井戸を掘っても塩水のため、生活に必要な水には悩まされ、飲料水は水屋から購入していた。江戸の上水のうち、使用されない水は余水として呉服橋門内の銭瓶《ぜにがめ》橋および一石《いちこく》橋の左右、さらに竜閑《りゅうかん》橋の下などに吐水口があって、川に流されていた。この水を舟で運んで、上水のない下町などを対象に、一荷《いっか》当たりで売り歩く者がいた。これを「水屋」といい、運んだ舟を「水舟」といっていた。

お茶の水にある「東京都水道歴史館」に行ってみると、江戸の水道の資料が展示されている。当時の木でつくられた樋《とい》や溜枡《ためます》を見ると、江戸人の苦労がしのばれる。長屋の井戸端会議が時代劇によく出てくるが、たいていは掘井戸ではなく水道経由の水を汲んでいることを思うと、人間の知恵の深さを改めて思う。

日本は山紫水明の国として、水は簡単に手に入れていたように思われているが、江戸という天下の中心地は、その地形ゆえに水を得るために大変な労力を使っていたのである。それでも『江戸名所図会』で目白下大洗堰《おおあらいぜき》の絵図をみると、とうとうと流れる豊富な水量をみることができる。この水量あっての江戸の上水なのである。

水道の木樋を通しての水ではなく、水源の玉川まで水を取りにいった八百善の話は、水道の水が良質であったかどうか疑問だったことを示している。贅《ぜい》をきそう料理茶屋は、各地の名物といわれる食材や初物などの珍しいものを使うことで高級感を付与し、高額な料金を取った。それがまた経済力を持つ者の虚栄心をくすぐり、客を集めることになったのは、太平の世であったればこそということができる。

前述した天保の改革での町触れは、「近来初物を好み候儀増長致し、殊更《ことさら》料理茶屋等にては競合《せりあい》買求、高直《こうじき》之品調理致し候段不埒《ふらち》之事に候」とあり、きゅうり、茄子《なす》、いんげん、ささげの類などと続く。

料理屋が初物々々といっては買い争うから、手間暇と金をかけても初物をつくって売った方が得策になるという、料理茶屋と初物売りとの関係を正そうとしている。

この時期すべてが贅沢になっていったのかどうか、そのようすを『寛天見聞記』にみてみよう。

予幼少の頃は、酒の器は鉄銚子塗盃《ちょうしぬりさかずき》に限りたる様なりしをいつの頃よりか、銚子は染付の陶器と成り、盃は猪口《ちょこ》と変じ、酒は土器でなければ呑めぬなどといひ、盃あらひとて丼に水を入、猪口数多浮めて詠《なが》め楽しみ、蕎麦屋の皿もりも丼となり箸《はし》のふときは蕎麦屋の様なりと言しも、いつしか細き杉箸を用ひ、天麩羅蕎麦《てんぷらそば》に霰《あられ》そば（貝柱をいれたもの）、皆近来の仕出しにて、万物奢より工夫して、品の強弱にかかわらず、只目をよろこばす事斗《ばか》りにて費《ついえ》のみ出来る也、食物も無益の事ばかり精製して、其本品の味を失ひしを、賞美する事笑ふべし、耳も正道を聞かずして戯《たわむ》れたる事を好めり

商売の知恵比べ

「食物も無益の事ばかり精製」などは現在にも通じることであるから驚く。

その料理茶屋は『明和誌』によれば、「寛政の頃より流行専《もっぱ》らなるは、金波、二藤、田川や、なべ金、八百善、平清、さくら井、夷《えびす》庵一名まつ本や、いづれも上品（高級）にして価高事限なし（値段の高いことに限りがない）」と記述し、安永（一七七二〜一七八一年）・天明（一七八一〜一七八九年）の頃より初物売買が流行し、贈答品にももちいられたとある。いよいよ江戸は消費都市の様相をたくましくして、知恵比べの商売合戦といった観がある。『寛天見聞記』によれば、たとえば、

あらし音八と云役者の家にて、鹿子餅を売りける、見世先に四尺ばかりの坊主人形、袖なし羽織を着し、茶台の上へ竹の皮包を持たるを立置きたり、餅買人の来る時、此の人形おのれと持出るぜんまいからくり有し也

煙草河岸（新材木町の河岸）の名物、長谷川町に梅か枝《うめがえ》でんぶ源氏茶漬、人形町に座禅豆、新和泉町に虎屋のまんぢう、しきり場餅、扇屋の煎餅、壺屋淡雪豆腐、是等は古き売人なり、人形町は両側夜見世の屋台、軒をならべ皆食物斗《ばか》りなりしに、天保十二年十月六日の夜、堺町の芝居より出火して葺屋町《ふきやちょう》辺類焼す

昔は焼芋といふものなし、寛政の頃より大ふかしとて、薩摩芋を蒸して売しを始とす、夫より、神田弁慶橋東に甚兵衛橋といふ小橋あり、今は土ばしとなりたり、此橋際、原の焼芋とて売初《はじめ》けり、又夏の夕方より町毎《ごと》に、麦湯といふ行燈《あんどん》を出し、往来へ腰懸《こしかけ》の涼台《すずみだい》をならべ、茶店を出すあり、これも近来の事にて、昔はなかりし也、昔より日本橋通り本町通り堺町近辺、いづれの町も表裏共、僅《わずか》の余地をもおしみて、家居建つづき、少しの庭抔《など》構うべき処もなかりしに

など、身分とかかわりなく、お金さえあればそれなりの望みがかなうような都市になっていたのである。

とりわけ商人は、階級としては最下位であっても、実際には大名以上の生活すら可能であった。反面、武士階級の次に位した農民は、相変わらず米をつくることに変わりはなく、勤勉に働いても年貢の取りたて等で、日常生活は楽なものではなかったが、講《こう》などのしくみを

利用して江戸期の後半にはお伊勢参りなどを楽しむようになった。

巧みな宣伝

このへんで再び八百善の話に戻ろう。

八百善の先祖は、江戸・神田の福田町に住んでいたという。時は元亀・天正年間（一五七〇～一五九二年）のことであった。明暦の大火（一六五七年）のあと、新鳥越二丁目（山《さん》谷《や》）に移り、八百屋を開業した。その商売先は、周囲の数多いお寺であった。

浜田義一郎氏の「『料理通』の書画——八百善を推す人々」（『飲食史林』創刊号、一九七九年）という論文中に、「四代目の善四郎の代になって寺の法事の仕出し料理に、膳椀などの食器から七輪などの台所道具一式まで持ちこんで、先方の面倒をまったく掛けない方式がよろこばれて、寺だけでなく屋敷方からも大歓迎された」とある。

現在の出張パーティーさながらである。こういった斬新なアイディアで評判をとり、やがて料理茶屋へと発展していく。

『閑談数刻』（一八七六年）は四人の奇人伝を記したもので、その一章に八百善が出てくる。八百善の繁盛のエピソードが述べられているもので、『飲食史林』創刊号所収の杉村英治氏の論文「八百善——『閑談数刻』抄」から引用すると、

八百屋善四郎　福田屋と云　新鳥越二丁目住宅　俳諧を好ミ　三味線を曳《ひく》

料理屋の雷名此人に続くものなく、遠方の御家敷方より日〻折詰の絶る事なく（注文が絶えることがなく）、仕出しも八百八町え出し、御膳籠《おぜんかご》（仕出しに使う籠）の置所なく、江戸一なれバ日本一かと人々の申セし也、魚切の時（魚が手に入らなかった時）、御家敷の料理（注文が）ありて仕出しを致さんと日本橋へ行けるに、魚一切無《なく》て、いかゞせんと尾張や善三郎（魚屋）へ立寄《たちより》けるに、主人申けるハ、其様に案事《あんじ》（心配）らるゝ事なかれと、のけ置たる鯛を入用分より多く出しくれけれバ、善四郎ハ当惑いたしたる所ゆへ、天より降たる心地して大悦《おおよろこび》いたし差出しけるに、御家敷の御料理の評判よろしく、誉《ほめ》られたりとぞ、此鯛なくバ御大家へも出入ならず、呉〻難レ有魚屋の志を感じ、直段《ねだん》の外ニ礼として蒸籠《せいろう》（に祝儀として菓子などを入れたもの）を多く積たりと也

このように八百善のような料理屋は、武家や寺社を相手にした仕出しという方法から出発して、経済力がつくと自分のところに座敷を設け、お留守居役の武士たちが歓談できる場所を提供した。

そこでの飲食の評判は、文人の書籍の内容に取り上げられ、多くの人々の知るところとなる。江戸での食べ物の情報が口コミから始まるのは当然であるが、飴屋であっても市中で評判になれば芝居の脚本に取り入れられ、それが広告宣伝になって繁盛した。八百善は、店自

身での宣伝を巧みにおこなったことが後世まで名を残し、現在までも活躍しているもととなっている。

その宣伝の方法とは、ギフトカードやおこし絵（立体になる絵）、さらに画期的だったのが、料理茶屋の主人みずからが料理本を出版したことで、地方へ戻る大名や商売人たちのみやげになっていった。

八百善の料理本

八百善の料理本の題名は、『江戸流行料理通《りょうりつう》』（初編一八二二年〔文政五〕）であった。四冊本で、初編は縦一八・二センチ、横一三センチの大きさ、表紙は浅黄色であった。総枚数四二枚の本である。その復刻版が臨川書店から出されている（『翻刻　江戸時代料理本集成』第十巻に収録）。

内容は本膳料理と会席料理、江戸卓袱《しっぽく》料理の献立と主要料理の作り方が記述されている。裏表紙絵と序文を、鵬斎《ほうさい》老人こと江戸後期の儒者である亀田《かめだ》鵬斎（一七五二〜一八二六年）が寄せている。また蜀山人が序に漢文をのせている。蜀山人とは本書に何度も現れているが大田南畝（一七四九〜一八二三年）のこと。戯作者で、他に四方赤良・山手馬鹿人などのペンネームを使用しており、狂歌の三大家のひとりである。その序の内容は、江戸の町はとても大きい、人が満ち溢れており、昔は八百町と言われていたが、今やなんと二千町以上という大きさである。およそ、江戸市中での飲食を商う店は、五歩一楼。十歩一閣。……日本堤の北にある八百善は、江戸で第一といわれる。貴人や金持ちは割烹《かっぽう》を命じ、珍しい料理を競争させて、景色や時期がよい時には、八百善に来て、心の楽しみ事を期する。そこでひとびとは八百善の献立を見たいのだが見せてもらえない。今年、八百善は一冊の本を世に出すと公表した。昔から飲食をしない人はいないが、本物の味を知る人は極めてすくなかった。

この序にはもう一人、詩仏老人こと大窪詩仏《おおくぼしぶつ》（一七六七〜一八三七年）が、文章を寄せている。

次にこの『料理通』の内容を見てみよう。

初編はまず本膳の献立から始まる。その初めは「本膳鱠《なます》の部」で、春夏秋冬における鱠（膾）の組み合わせである。たとえば、

〈本膳鱠の部〉

春：けん金柑　朝日ぼら、田作り極細切り、人参・大根白髪切り、海部のり、栗しょうが（けんというのは鱠の添え物のこと）

夏：けんぼう風　あじ作り身、白くらげ、はすいも繊切《せんぎ》り、いわたけ、針栗
秋：けん葉防風　鯛皮作り、余蒔《よまき》きゅうり繊切り、もずく揃え切り、栗繊切り
冬：けん　　　　朝日ひらめ、いか繊切り、白髪うど、巻きいわたけ、青のり、栗しょう
　　　　　　　　が

と、四季にわけてそれぞれ四種、次には精進膾が同様に続き、膾のかけ酢を一六種類と、分量までは書いていないが、かなりわかりやすい。

膾のあとは汁・坪・香の物・平・猪口・茶碗・台引き・吸い物・硯蓋・かまぼこ・魚そうめん・鉢肴・焙烙《ほうろく》蒸しと続く。

次に料理様式として会席・江戸卓袱料理となり、つづいて極秘伝の部、料理心得の部と、ふつうの料理書とはことなり、専門家向けでなく、一般の人向けに記述している。さらに、さいごの「日本の料理庖丁の発《おこ》りの事」などのように、料理の献立や作り方だけではなく、知識を得るための記述も織り込まれている。そこを引用しておこう。

日本の料理庖丁の発りの事……一山蔭中納言四条藤原《やまかげちゅうなごんしじょう》の政朝《まさとも》卿は日本料理幷《ならびに》庖丁の祖也何《いず》れの慶賀にも鯉魚《こい》を職掌《しょくしょう》する事を第一と祝ひ給ふ。凡《およそ》魚として飛竜《ひりゅう》と成《なる》によりて高貴の祭とする事鯉にかぎる也。もとより鯉は中懸りの鱗大小にかぎらず三六枚の庖丁を作

り給ふ彼卿《かの》の清光《せいこう》を尊《たつとみ》て世に四条流と号すと也

このあとの第二編は初編に準じており、葛飾北斎、酒井抱一《ほういつ》、谷文晁、渓斎英泉、蜀山人、詩仏老人などの文章や挿し絵が組みこまれている。

第三編は精進料理の献立と作り方が書かれており、第四編は普茶卓袱《ふちや》料理の集大成といった観がある。

九州は長崎まで出かけて勉強しようと思いたち、京都の南禅寺、東福寺、宇治の黄檗山《おうばくさん》、大坂の瑞竜寺、一心寺などをめぐっている八百善主人としては、第四編は殊のほか思い入れが強かったのではと思われるが、初編から一三年後の一八三五年（天保六）に出版されている。

これらの料理がどれだけ多くの人に読まれ、実際に作られたかといえば、やはりそれなりの上流階級に属する武士や富裕な商人層が中心であり、料理茶屋振る舞いをするような人たちに限られたろうことは想像がつく。それでも、食べたこともない珍しい料理名や作り方にまじって挿し絵があるこの本は、それを手にした人々に楽しみを与えたに違いない。

庶民に愛されたファストフードであったてんぷらは、初編に榧《かや》の油揚げとして鯛衣かけ・山わらびといんげん・新蓮根・さつまいもがのっている。てんぷらではなく「あげもの」としてではあるが、油揚物として榧の油がもちいられている。また第四編の卓子料理に「鱸《すずき》うす皮おらんだやき」とある。これは白身魚の切身を串にさして、溶き卵を調味してかけながら焼いたもので、揚げ物ではないようだが、串にさして衣をつけることでは似通っているといえようか。さらに卓子小菜の部に、ふくろ牡蠣《かき》てんぷら、串海鼠葛《なまこくず》ころも揚げ、菊の葉天門冬包みころも揚げがある。

ただ、それにしても筆者には、町人の揚げたててんぷらの方がおいしそうに思えるが、いかがであろうか。

『守貞謾稿』にみる江戸の料理茶屋

『守貞謾稿《もりさだまんこう》』の著者喜田川守貞は、文化七年六月生まれで、三〇歳まで大坂におり、それ以後は江戸に住んで、料理茶屋の記述の中でみずからを四四歳であるとしている。文化七年は一八一〇年、その四四年後の一八五四年は安政元年である。

守貞はこの記述で、料理茶屋は割烹店のことであるとし、京坂では割烹店といっていたことをわざわざ断っている。料理というのは、そもそも万事を計り調えることをいうのであって、今は食についてだけ使うようになったと定義している。もっとも一五〇年以上たった現在でも、「料理」は、必ずしも食に対してだけ使うわけではないから、「万事を計り調えること」は今も生きているといえる。

さらに守貞は、最近は京坂も江戸も士民、すなわち武士も町人も奢侈をすることをよしとしている、という。とくに食類については身分の差別が衣服のようにはないが、京坂と江戸ではようすが異なっているとして、食物についての京坂と江戸との比較に言及していく。すなわち、京坂は諸白酒《もろはく》と醬油の塩味を加減して、淡薄《うす》味の調味で素材のもつ味を大切にしている。江戸は味醂と砂糖、醬油で甘さが旨さにつながるが、その物の味は損なわれると、現在でも通用する指摘をしている。そして彼自身は、江戸での生活がほぼ一五年になるが、江戸の方に軍配をあげている。そして京坂の「未熟」の原因は繁雑なので略すとしながらも、一例として鯛の扱いとその料理の出し方を述べている。

京坂の鯛料理は一尾のままの塩焼きであるが、江戸では文化・文政（一八〇四〜一八三〇年）以後は鯛を三枚におろして、長さ二寸、幅一寸に切って塩焼きにする。一尾のままでの塩焼きは、箸を使ったときに鯛の形をくずすので嫌う。

また、京坂の料理茶屋は、客の数以上の料理を出して費用を高くさせる。そこへいくと江戸は会席風として、客の人数に応じてあまり過不足ないようにする。初めに味噌吸物、次に口取肴、次に二つ物、次に刺身、次にすまし吸物あるいは茶碗もの。ここまでは酒肴、次には一汁一菜の飯あるいは一汁二菜の飯である。そして前後ともに上々の煎茶に上製の口取り菓子を添えて、浴室で浴し、さらにあまった肴は笹折に詰めて持って帰る。夜になると使い捨ての小田原提燈を出す、と。

そして、江戸に名だたる料理茶屋は、と紹介し、山谷の八百善。次に深川八幡前の平清。以下浅草大音寺前の田川屋（駐春亭）、向島の大七、今戸の大七、橋場の川口、真崎の甲子屋、小梅小倉庵。そして柳橋の梅川、万八、亀清、中村屋は家が広いけれど食類が精製にあらず。

としている。

最近亡びた料理茶屋は、橋場の柳屋、向島の武蔵屋である。料理は天保初め頃から会席料理が流行して、茶客調食（茶をのみにくる客のためにととのえる食事）の風となった、という。「調理はますます精を競へり」とあるから、料理茶屋の料理競争がたけなわであったことを示している。

このようにして、日本料理の特徴である、切る・煮るという調理操作と、食材を生かすという方法に加えて、食器に見合う料理工夫がなされていき、盛り付けの美学が成立したといえる。それがまた、料理に見合う食器を作ることにもなっていった。

鎖国の時代で、ごく限られた南蛮料理や中国・琉球料理の知識は入ってきていたが、料理人たちはその時点での日本の食資源を、いかに料理するかを研究していた。『守貞謾稿』によれば、その形はたとえば、今世、会席茶屋にて、最初煎茶に蒸し菓子も人数限り、一つも多く出さず。口取肴も三種にて、織部焼などの皿に盛り、これも数を限り余計これなし。口取肴の前に坐付味噌吸物、次に口取肴、次に二つ物と云ひて甘煮と切焼肴等各一鉢、次に茶碗盛人数一碗づつ、次に刺身、以上酒肴なり。膳には一汁一菜、香の物。

八百善、平清、河長等は後段の茶にも菓子を出しており、その他の店は、飯の後の茶には菓子をつけなかった。どのくらいの値段の差があったかというと八百善、平清、河長はおおよそ一人分として銀一〇匁。それに対し、その他の店は銀六、七、八匁であったという。

料理茶屋の番付け

人々が生活のうちにさまざまな情報を必要としはじめるのは、江戸も後期の化政期（一八〇四〜一八三〇年）頃からのことで、買い物案内や番付けものが評判となった。

嘉永年間（一八四八〜一八五四年）に出た料理茶屋番付けでは、行司に山谷八百善がある。「江戸と大坂」比べであるが、江戸は第一段に一三軒、第二段に一五軒、三段目には一九軒、四段目は一九軒、最後に二〇軒となっている。そして第一段には所在地つきで平清・田川屋・清水楼・大七・川口・河長・青柳・酔月楼等があげられている。しかし喜田川守貞は、「大略上階を有名大戸とすれども、またはなはだ順序ならざるものもすくなからず」と述べ、漏らしたものも多いと、この番付けの不備を指摘している。

繰りかえしになるが、料理茶屋は明暦の大火以前には江戸になかったもので、復興工事の職人などが近在から流入してきた頃に奈良茶飯屋ができ、これが料理茶屋のはじまりといってよいものである。

享保期（一七一六～一七三六年）には、町人五三万人に武家や寺社関係者を加えて、約一

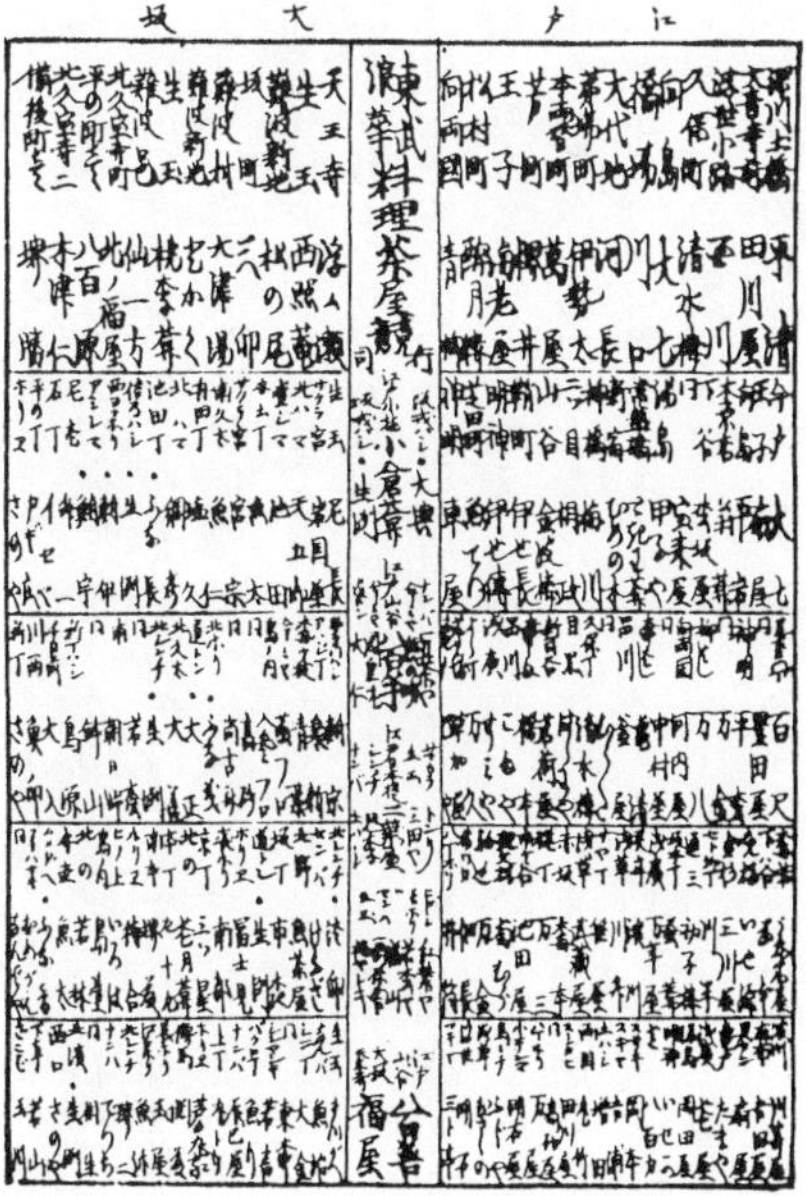

嘉永年間に出た料理茶屋番付け（『守貞謾稿』より）

〇〇万人、いやそれ以上だったかもしれないが、とにかく江戸は人口の多い都市になっていた。これらの人々の胃袋をささえたもののひとつに料理茶屋の発展もある。

やがて庶民層も少しゆとりを持てるようになり、神社仏閣の祭礼や、四季折々の花見や月見などの遊興にも時間を割くようになっていった。また江戸期後半ともなれば、江戸見物に地方在住者も出かけてくるといった具合に、仕事で来る人たちとも重なって江戸はさらに人の多い町となり、外食店はにぎわいを見せていった。

武士たちも江戸お留守居役の集まりに料理茶屋を利用するようになり、贅をつくした部屋、庭などの作りに加えて料理の内容も工夫されていく。ひとたび評判になれば、通人たちすなわち金持ちの商人たちに利用されて、ますます磨きがかかった。そんな多くの料理茶屋のなかで、八百善はユニークなアイディア商法も手伝ってゆるぎない名声をみずからのものとしたのである。

これらの料理茶屋の一部は高級料亭へと後世に続いてゆき、そこでの饗応形式が料理様式を完成させていく。本膳料理、会席料理、中国様式である普茶料理、卓袱料理、茶道から発展した懐石料理と、日本料理の様式がそれぞれのニーズにあわせて大成するのも江戸時代であった。次章ではそれらの料理様式について見てみることにしよう。

第六章　日本料理の完成

1　本流としての本膳料理

日本料理の三つの流れ

日本料理は江戸時代に完成したといわれている。日本料理とはいったい何だろうか。日本料理の代表は何かと聞かれた時、多くの日本人はすし・すきやき・てんぷら・おでん・焼き鳥などと思うか、または懐石料理とか会席料理を思うだろう。

前者は、外食店のなかでも庶民的なイメージが強いし、単品である。それに対して後者の会席料理などは、宴会料理としてのセット料理で、座敷のようにある限られた空間を必要とする。この章では、宴会料理のように、ある限られた集団がある決められたシステムにのっとってとる食事について述べてみようと思う。

外食店が出現する前は、大名などでは自分の屋敷に料理人を臣下としておいてまかないをまかせており、屋敷内で客の饗応をしていた。庶民層では彼らのなかでリーダー的役割を担う者を中心に接待料理のやりとりがおこなわれており、自然に料理の上手な者がその技量を買われて、なにかの時には腕を披露した。農民の社会でも同様で、名主を中心に行事の時の振る舞いがおこなわれ、やはり料理の技にたけた者がその役割を担っていた。

したがって、外食店が料理を発展させたことは間違いのないところではあるが、そのための基盤は、上下多くの層で活躍した料理人たちの知恵があってのことであった。また忘れてならないのが寺院での料理であって、中国などの影響を十二分に受けて、日本の風土にあった精進ものの料理を発展させていった。

そして料理様式は、大きく三つの流れとなって成長していく。

一つは、上流社会の貴族や大名の食事様式で、奈良朝の時代からの伝統をもとに鎌倉時代の式正《しきしょう》料理の流れをくんで本膳料理へとつながっていったものである。この本膳料理は、儀式すなわちハレの時の日本料理の食事形式として今日にまで伝わっているものである。

もう一つは、茶道を中心に発達してきた、懐石料理と酒宴料理の会席料理である。

最後の一つは、精進料理、普茶料理である。

この三つ以外に、外国料理の影響下に成り立った卓袱《しっぽく》料理、南蛮料理がある。以下、これらの料理について、順に述べていくことにしよう。

本膳料理以前

本膳料理以前の料理様式には大饗《だいきょう》料理といって、奈良時代に中国（唐）風の食様式を取り入れたものがあった。王朝貴族の儀式料理であり、『類聚雑要抄』（一一四六年〔久安二〕頃）に記録されているものの中から、新年宴会のようすをみると、

内大臣藤原忠通家の場合で「大臣大饗」といった。その献立は唐菓子《からくだもの》四種、木菓子《きくだもの》四種、干物四種、生物四種、貝類四種、窪坏物《くぼつきもの》八種の計二八種と、調味料四種すなわち塩・酒・酢《す》・醬《ひしお》であった。一番位の高い大臣または大納言にはこれらが出され、身分が低くなるにつれて種類が少なくなっていく。

これらは台盤といった四角の脚付き、縁付きの机状の台に並べられ、スツール型の椅子がついた。料理には味がついていないので、四種の調味料を好みに応じてつけて食べる食事である。

また、倉林正次氏の「大臣大饗」（『歴史公論』七三号、一九八一年）は、これらの基本料理のあとについて述べている。そこに記されていることを大略紹介すると、

酒の応酬に応じて追加の料理が出されたという。どんなものかというと順次、餛飩《こんとん》（刻んだ肉を小麦粉で作った皮につつんで蒸した料理）、飯と汁、雉《きじ》の羹《あつもの》（雉肉のスープ）、茎立《くくたち》

(すずなの薹《とう》のたったもの)、裹焼《つつみやき》、立作物《たちつくりもの》(一の膳に、蘇《そ》・甘栗・零余子焼《むかごやき》・腹赤《はらか》、二の膳に、鯉鱠・指塩《さししお》・辛齏《からしあえ》)と続いたという。

食具は箸《はし》と匙《さじ》が用意されており、マナーもきめられて、なかなか面倒なものであった。ただ食べるだけではなく余興もはいり、その後場所を変えて今度は円坐になり、身分を越えてすわり、食べ物も零余子焼や芋粥《いもがゆ》などで、お酒も形式がない状態で気楽な宴会となった。そして笛や笙《しょう》といった音楽を演奏している。前半の儀式的な宴を「宴坐《えんのざ》」、後半の気楽な宴を「穏坐《おんのざ》」といった。

儀式的な宴会とはいえ、酒の応酬をしながらのこの宴会、どのくらいの時間がかかったのだろうか。

この時にもちいられていた箸と匙のうち、やがて唐との接触が薄れてきたのと並行して、匙が食卓から消えていく。

貴族のこうした形式化した正式な食事様式は、武士の台頭により大きく変化する。もちろん一般の人々の食事は雑穀を主とし、おかずとしては地域での作物や野の物すなわち、茸《きのこ》や木の実、果物などをそのまま、またはゆでたり、煮たりして食べていた。

大饗料理が形式重視の料理で、一度に多くを並べて見せるための部分が多くあったのに対して、鎌倉時代に入って武家社会になると、質実剛健をモットーとし、おいしく食べることを重視するようになっていく。

本膳料理の様式

平安時代の公家《くげ》の日常では、初期の段階では高坏の中央に高盛飯を配し、そのまわりに小皿を並べ、菜を入れている。やがてそれらは飯・汁・いくつかの菜というパターンになり、さらに、仏教の浸透から、寺院での精進料理の影響をも受けて、正式な儀式形式も膳や折敷《おしき》に飯・汁・菜を配置する「基本様式」へと変化していく。余談になるが台盤に盛りつける配膳所を台盤所といい、現在の台所の語源になったといわれている。またその配膳は女官たちがおこない、そのチーフという意味で将軍の奥方を御台所《みだいどころ》と呼ぶようになったという。

その後、室町時代にこの膳形式が儀式用の式正料理として完成する。はじめに一の膳と二の膳を出し、食事の状況に応じて次の膳を出す形式で、よりおいしく食べることが配慮されるようになった。

そして客膳料理として式正料理(七五三膳とか五五三膳と呼ばれた饗膳)の中央の膳を本膳というところから、本膳料理という名称が江戸時代に確立する。そして江戸幕府は行事や正式な勅使饗応などに、この本膳料理様式をもちいてその威容を示した。『千代田城大奥』に記録されている元旦の膳は、

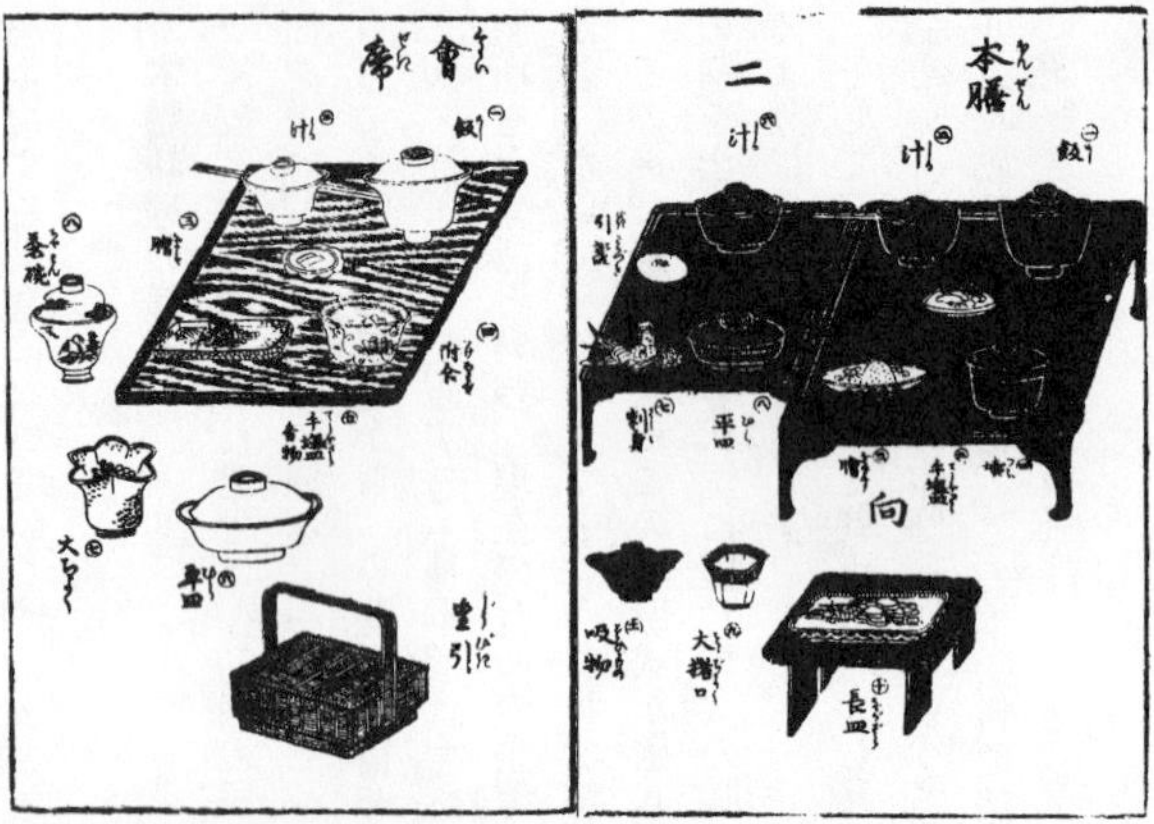

本膳と会席の膳の図。本膳は足付き膳、会席は折敷（『料理早指南』初編より）

口祝いの台　藁《わら》七筋、熨斗《のし》、昆布、梅干、
数の子、勝栗、ゆづり葉、南天の
葉
（熨斗とはのしあわびのことで、古来から鮑《あわび》は珍重されていたこともあって、縁起物とされている。この鮑を専用のナイフで紐《ひも》のように薄く桂むきのように削って干したもの。祝いの御進物につけて出した風習が今にも残っており、最近の熨斗袋には図が描いてあるだけになっている）

一二組の菓子　榧《かや》、くるみ、みかん、栗、
柿、饅頭、山の芋、むすび昆布、
のし（右あるへい）せんべい、や
うかん
（菓子といいながらまだ、木の実、

果物、芋、昆布などももちいられている）
三つ盃（銀器）吸物鳥
一番　昆布、熨斗、勝栗、土器《かわらけ》
二番　雑煮（餅《もち》、大根、午房《ごぼう》、焼豆腐、芋、くしこ昆布、くしあはび、結び蕨《わらび》）、梅干、数の子、五斗土器
同　するめ、くらげ、鯉、土器
（土器は三方と同様に一度しか使わない。ここまではいわゆるオードブルで、一～三番の酒の応酬が一～三献ずつとなり、三三九度杯につながったといわれている。次からがメインの本膳）
本膳　なます、あへま（あえものか？）、煮物（せち〔魚のこちか？〕）、やき物、焼鳥、白鳥、汁。飯
二の膳　海老、さかひで、貝物、さくら煎、くらげ、魚汁
三の膳　鮒、みづあへ、つぼ煮
与（四）の膳　さしみ、あつめ汁
（四の膳は四が「し」すなわち「死」に通ずることを忌んで「與」すなわち「与」と書き、「よ」と発音する）
五の膳　すきやき汁

以上である。

立派に並べられたこれらの料理は、どんな味付けでおいしさはどうだったのかわからない。じつはあまりおいしそうにもおもわれない。形式重視になってしまった儀式料理は少し箸をつけるだけで、見る食事になっていったのである。

一人一人に配膳する

次に饗応の場合について、『日本史小百科　飲食』（遠藤元男・谷口歌子、一九八三年、近藤出版社）にのっているものを紹介する。

供膳の形式は第一の三方《さんぼう》に敷紙と長熨斗《ながのし》、第二の三方に御雑煮《おぞうに》、田作盛、梅干盛、耳《みみ》土器《どき》（耳の形をした箸置き）に尺長箸、第三の三方には鯛の吸物、第四は土器盃《かわらけ》、第五は長柄《ながえ》銚子《ちょうし》、第六は御肴として、からすみ・魚田鯛、このほかに御雑煮の盛替と蓋おきの三方が加わり、本膳の前に八つの三方が供された。これを引いてのち三汁十一菜の饗膳となる。

本膳　汁、御飯、尺長箸、鱠、煮物、香の物
二の膳　二の汁、小桶、杉箱、大猪口《おおちょく》（酒浸）

本膳形式での饗応のようす（『精進料理献立集二編』より）

三の膳　三の汁、差味《さしみ》、茶碗、煎酒
与の膳　向詰として鯛の焼き物
五の膳　平皿、州浜台
　このあと、御飯の御鉢三方、蓋おきの三方、通三方、御盃、御銚子、御吸物、御肴、御湯、御水、御菓子、御濃茶、後菓子、御薄茶と十三の三方が続く。

　これらのうち、位の高い場合（三位以上）は白木の三方をもちい、一度使用したら処分した。その他の人では白木の足付き膳（足打）であった。宮廷や幕府の正式な儀式における饗応食は、華やかさと威厳をもたせる究極の膳組となり、それらが部分的に削ぎ落とされて、江戸の後半には民間の儀式にも、その基本である本膳が受けつがれていった。
　これらは、日本料理の特徴である「切り

方」重視を裏づけるように、「庖丁人」と呼ばれる料理人を輩出させることとなった。生臭い魚をまな板とまな箸でさばくという技法は、多くの絵図に残されており、そのようすをうかがうことができる。

このように、食品に直接手を触れずに切ったり、食事の際にも手食を嫌ったりすることなどから、日本人は潔癖感が高いといわれている。そして大皿に盛られた料理を取り分けるという食事方法をとらず、一人一人に配膳するという手のかかる食事形態は、料理そのものをもそれにふさわしいものへと発展させ、日本料理の特徴を形作っていった。

饗応料理としての本膳料理は、冷たい料理を多く並べることで豪華さをだした大饗料理に対して、調理技術の煮るという操作をも加え、その料理の食べごろにおいしく供するという画期的な方法であった。しかしこれもやがて形式化してくると、膳を多く出すことに力点がおかれていった。そこに茶の湯の流れから現れた懐石料理という形式が一石を投じることになる。

2　懐石料理の誕生

精神の料理

懐石料理といえば茶懐石のことで、茶席での料理であることはよく知られているところである。お茶にも少しくわしくふれながら、懐石について述べてみよう。

中国から臨済宗を伝えた栄西《えいさい》が、わが国に抹茶《まっちゃ》（粉にした茶）をもたらしたのは一一九一年（建久二）といわれている。栄西は茶の効用を『喫茶養生記』（一二一一年〔承元五〕）にまとめ、時の将軍源実朝に献上した。この本によって薬としての茶が紹介され、上流階級の飲み物としてやがて普及していった。その後僧侶たちによって京都・奈良を中心に茶所ができてくる。室町時代の中期には栂尾茶《とがのおちゃ》や宇治茶が銘茶となった。

喫茶の風習は僧侶たちから始まって、武家や貴族へ伝播《でんぱ》していった。そして一般の人たちの間にもやがて浸透していく。方法としては礼茶式と茶寄合《ちゃよりあい》という二つの流れがあった。このうち礼茶式は武家の茶礼の形式へと発展し、茶寄合は闘茶ともいわれる茶の産地をあてるあそびとして広まっていく。現在も群馬の中之条《なかのじょう》町に講として残っているというこのあそびは、博打《ばくち》や酒盛りにも変わっていった。禁止令もだされるくらいであったが、あまり効果はなかったようである。

一方、上流階級の茶礼は茶の点《た》て方を形式化し、茶を点てる装具や部屋のしつらえなどを重視していき、華美になっていった。それに対して、茶を静かに飲むことで精神性を高めようという動きが出て、茶道の成立をみる。

茶道は村田珠光《むらたじゅこう》（一四二三～一五〇二年）から武野紹鷗《たけのじょうおう》（一五〇二～一五五五年）、千利休《せんのりきゅう》（一五二二～一五九一年）にいたって完成したといわれている。この茶の湯の精神性を高め、料理の方では形骸化した饗応料理に対して、作り手と食べ手との関係をよりよくする方法として、懐石料理の基礎を利休が作りだした。

人々が集まって食事をするということから「会席」という名称がもちいられたが、酒が入る宴席としての集まりと、この茶を飲むための会とを区別するために、後世に「懐石」と改められた。この懐石というのは、禅宗の修行僧たちが空腹をまぎらわせる方法として懐に石を抱くというところから、茶を飲む前の空腹しのぎといった意味合いが含まれている。したがって茶をおいしく飲むために、その前に少し軽く食事をすることから始まっている。

利休は一汁三菜を原則とした料理を考え、食品の元来の持ち味を大切にし、人を招く側は招く自己の心をみつめ、招かれる側にも精神性の高さを要求した。それが「わび」「さび」などという言葉とともに受けつがれていったのである。

箸ひとつとっても、ぬらしてから水気をふきとったものを用意する。その箸で御飯を一口食べた者は、箸に御飯がはりつかず、食べやすいことに気づき、招待者の心を知ることになる。料理も贅沢や華美を競うのではなく、一番よい状態で食膳に運ばれるよう考慮する。それまでの形骸化した料理では、温かいものが冷たくなっていたり、冷たいものがなまぬるかったり、味に対する配慮に欠け、食品に対しても珍しさと名産品などにとらわれたりといったことに対して、すべてシンプルに整理したのが懐石料理といわれている。

抹茶から煎茶へ

一方、抹茶は既述のように上流階級での飲み物として発展していったが、煎茶《せんちゃ》（葉を湯で煎じる茶）が普及するのは江戸時代であった。この煎茶は次に述べる普茶《ふちゃ》料理のようにまず「煮茶」として普及した。これは現在の番茶のようなもので、煮出してしまうのでこの名がある。『普茶料理抄』（一七七二年〔明和九〕）の中の「煮茶の仕よう」としてつぎのように書かれている。

先客に菓子を出し置き、風呂《ふろ》（茶の湯で使う風炉）の火をなをし、湯瓶に水を入れ、風呂にかけ置く。湯よくたぎりたる時に、瓶に湯を入れ内を一ぺんあらい、煮殻入にこの湯をこぼし、右の器へ葉茶を入れ、たぎりたる湯をうつし置く。しばしありて茶わんを取出し、銘々盆にのせ、独ふく（ひとりずつ）にて出すべし。若《も》し茶、風味うすくば、その器を火にかけ、しばしありて（少し置いておいて）出すべし。但し、ひまをとらざるやうにりやくして饗応すべし、ここにて客を待合すべし。

煮茶にもちいたお茶の葉は、抹茶を製造する際に出る雑物を炒《い》ったものであった。貝原益軒《かいばらえきけん》の『養生訓』（一七一三年〔正徳三〕）にも、次のようにある。伊藤友信訳（一九八二年、講談社学術文庫）より引用する。

抹茶は用いるときに炒ったり煮たりしないので強い。

煎茶は使用するときに炒ったり煮たりするゆえにやわらかである。それゆえに、日頃は煎茶を飲むがよい。……

茶を煎じる方法は、弱い火で炒って強い火で煎じる。煎じるときは、堅い炭のよく燃えたものを盛んにおこして煎じる。沸騰したときに冷水《ひやみず》をさす。このようにすると茶の味がよい。強い火で炒ってはいけない。弱く、やわらかな火で煎じてはいけない。以上はみな中国の『茶経』に書いてある。


茶を焙《ほう》じる時は弱火で気長に炒って、飲む時は熱湯で煮出すとよいという。現在の煎茶は六〇〜七〇度がよいといわれているのとはだいぶ違う。おそらく今の番茶やほうじ茶といった類のものが煎茶としてもちいられていたことがわかる。

どのくらい普及していたのかを調べるために、人見必大《ひとみひつだい》の『本朝食鑑《ほんちょうしょっかん》』(一六九二年〔元禄五〕)を見ると、江戸の町に売られている煎茶は駿州、信州、甲州、総州、野州(下野国)、奥州の産である。近時《ちかごろ》、江東《かんとう》の俗習に、常に朝飯の前に先ず煎茶を数碗飲むが、これを朝茶といい、婦女が最もよく嗜《たしな》んでいる、とある。それまで、茶といえば抹茶であったが、一七世紀後半には煎茶も女性を中心に浸透していたことがわかる。そして屋台など路上で見かける売り茶には、枇杷《びわ》の葉茶や麦茶などがあった。

江戸時代に入って煎茶もようやく製造されるにいたる。しかし濾《こ》して飲む方法は、さらにあとになる。そもそもわが国は水そのものがおいしい国であることから、飲み物は水で足りていた観がある。薬草を煎じるということはなされていても、日常の生活の中で飲み物としていたのは白湯《さゆ》・水であった。外出先で飲む茶も抹茶が多かったようである。

商いとしてのお茶は、古くは釜を寺院の前に運んで、抹茶を立てて飲ませたものがあった。やがて路上での商いとして、腰掛けをもちいて煎茶を飲ませる茶屋ができる。これは一日中茶葉をいれたままにして飲ませていた。少し上級の茶屋になると茶濾しに湯を注いでのお茶になった。

一八一〇年（文化七）以降になると掩茶《えんちゃ》がさかんになる。この掩茶は、茶瓶に茶葉をいれた後に湯をいれる方法をいう。現在の我々が日常やっているいれ方である。

やがて茶の製法が洗練され、湯の温度も茶の種類によって変えることになった。さらに、おいしいお茶をいれるのに最近は水道水を避けるようになり、良質の茶にあった水の選択がクローズアップされてきている。また、室町時代以来の茶道が抹茶をもちいるのに対し、江戸に入って煎茶道も誕生するにいたった。

究極の日本料理

さて、茶料理は、フランス料理の正式料理であるコース式と非常によく似ている。そしてフランス料理がやはり形骸化したときに、ロシア式の時系列式を取り入れて洗練させていったのと同じように、日本料理のなかの革新者として現れた懐石料理も時系列なのである。それでは懐石料理の手順について簡単に述べてみよう。流儀によって多少異なるが、そう大きな違いがあるわけではない。

折敷《おしき》に飯椀・汁椀・向附《むこうづけ》・箸を配膳したものを、一人一人に受取ってもらう。向附というのは、膳の上で置かれる位置が飯・汁椀の向こうにあるための名称である。その向附は、生魚を鱠仕立てにして出すことが多い。最初の飯は、最後の仕上げの蒸らし一〇分を待ってすぐの飯を、しゃもじに一掬《すく》いとって飯椀にもる。二口分くらいしかない。汁は味噌仕立てである。

亭主（招待者）が銚子と盃を持ってきて、酌をしながらさがる。

煮物・飯・替え汁、または飯・替え汁・煮物の順序で出されるが、流派で異なる。ここでの煮物は主役であるから、亭主側は一番神経を使って作るものである。

次に焼き物の焼き立てを出す。

ここで銚子・飯器を運んで酒と飯を十分に供する。

小吸物（箸休め）、これはごく少量であっさりとした、湯と吸物の中間くらいのものを出す。

八寸と銚子が後半の料理のはじめとなる。八寸というのは幅八寸（約二四センチ）の白木の縁のある角盆で、海のものと山のものとを人数分盛り付けて出す。亭主は酌をしながら座を盛り立てる。場合によってはこれに強肴《しいざかな》を出す。

湯桶《ゆとう》と香の物で最後の締めくくりとなる。湯桶というのは、おこげで香ばしい香りをつけた湯を飯椀、汁椀に注ぎ、香の物で食すものである。すなわち、最後の飯を湯漬けにして食べ、飯椀・汁椀を洗うようにすべてのものをきれいに食べ終わるようにする。

以上のプロセス中、亭主は一緒に食べず、控えの蔭で相伴《しょうばん》する。客の膳は最初の折敷が中心で、向附の器を懐紙《かいし》できれいにしては、まわってくる料理を取り分けてのせていく。煮物はメインのため個人に椀で供されるが、それは折敷の外に置かれる。

八寸の酒の応酬の前に出される箸休めは、フランス料理のソルベの役割によく似ている。この小椀も個人椀として出されるが、蓋は次の八寸に盛った料理をのせるのにもちいたりする。膳は折敷ひとつしかもちいられない。ここに、本膳料理の膳を並べていく方法に対する簡略化と、それによる料理を出すタイミングを考慮する心配りが接待側の力量となる。

これらの料理には、箸で取り分けやすいことや、食べる側の食べやすさ、調理法や材料が重ならないようにする工夫、器と料理の盛り付けかたなど、料理を作る人の心意気が凝集され、究極の日本料理といった観がある。茶を飲む前の軽い食事は、茶を振る舞う側の手料理であり、その心根さえ持っていれば、素人の腕でも充分成り立つところに魅力がある。

会席料理

江戸も後期になると、庶民の間の饗応膳の形式が「会席料理」として定着する。『日本史小百科　飲食』によれば、はじめは俳句を作る会のあとの酒宴から始まったといわれる。一六二九年（寛永六）の冬、俳人山本西武《さいむ》が京都の二条寺町の妙満寺で百韻興行を催したのに始まるという。この俳席の終わりに出る酒肴を俳の会席と称した。

そして料理茶屋の発展により、外食としての料理として発展し、様式が確立し、料理茶屋の料理形式としてひろまっていった。

様式としては本膳料理が踏襲され、膳三つを基本としていたが、同時に茶懐石の「頃」を得たおいしさ本意の料理も取り入れ、工夫され、膳二つに集約されていった。宴会料理用の様式のため、最初に飯が出されず、最後に出る。現在の日本旅館などの宴席料理の出し方はこれらを踏襲しているものであるが、下戸にとっては食べづらい形式である。

3　外国料理の影響力

普茶料理

普茶料理は中国から伝来した料理法の一つで黄檗宗《おうばくしゅう》での精進料理をいう。

わが国は、多くの文化につき中国から多大な影響を受けており、料理に関しても例外ではない。精進料理ではない中国料理として伝来したものに卓袱《しっぽく》料理があり、二つとも中国から長崎に渡来したのだが、普茶料理はやがて京の都に普及していき、宇治の黄檗山萬福寺《おうばくさんまんぷくじ》が代表的な寺となる。卓袱料理はすっかり長崎に定着し、その名のとおり卓袱、すなわちテーブルクロスから転じてテーブルに料理を並べる形式が残り、料理そのものは日本化して長崎の郷土料理として特徴ある発展をしていくことになる。

仏教伝来以来、わが国は寺院を多く建立し、各地で宗教活動をおこない、その修行僧たちによって、中国伝来の調理法に加えて多様な料理が工夫され、今日の我々の生活にも大きな影響をあたえている。前章でも触れたが、『江戸流行料理通』の中で、著者である八百屋善四郎は第四編に「会席普茶料理略式」を著わし、その序文に次のような文章をのせている。

前《さき》に吾《わが》料理通の初編出《いで》てより。茲《ここ》に十有二年《じゅうゆうに》の今に至るまで。二編三編と嗣出《つぎいだ》して。幸

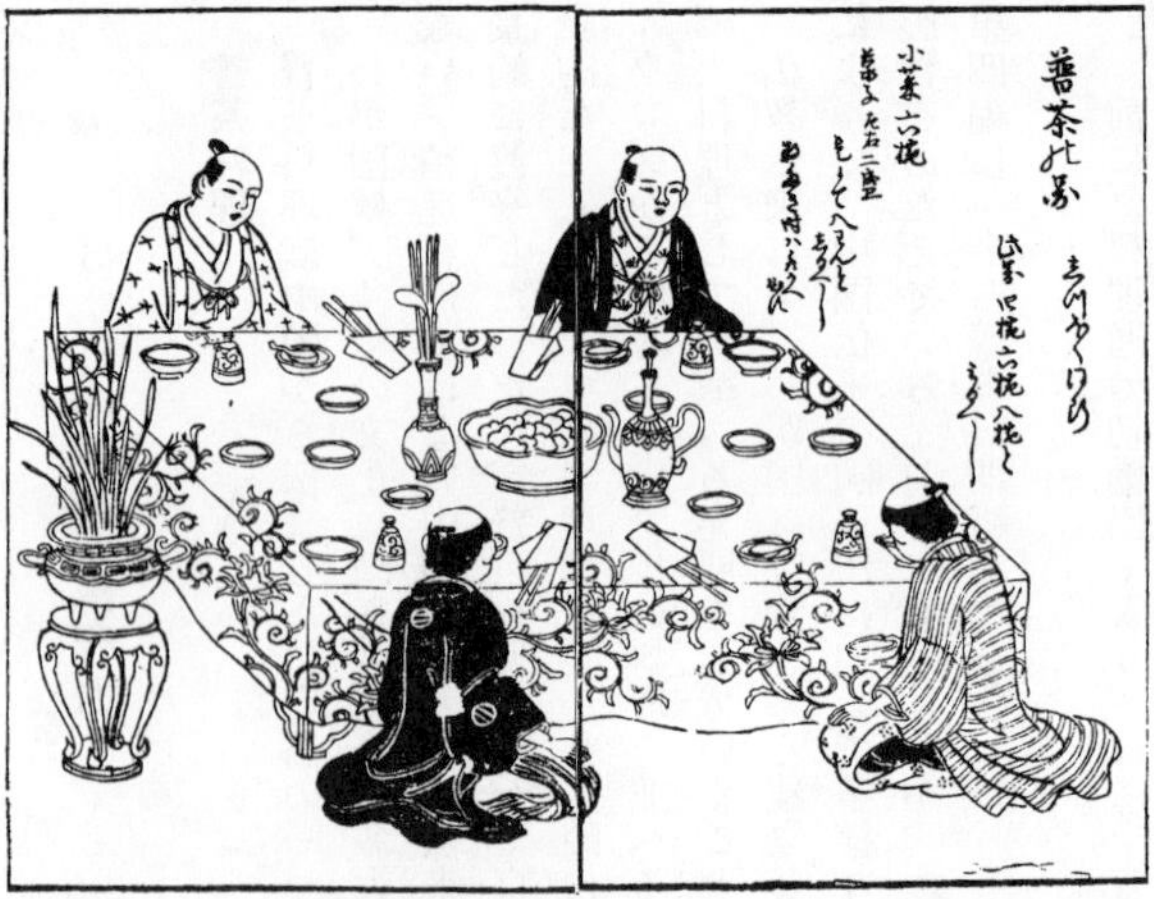

普茶料理の図（『普茶料理抄』より）

に世に行はる。唐《とう》料理普茶卓子《ふちゃしっぽく》の部に及びて。暫く筆をさしおき。兼ねて長崎に下り。其宗《そのむね》を極めん事を思い立。往《いぬ》る辰の春上方に登り。南禅寺東福寺は更《さら》なり。宇治の黄檗山。浪華《なにわ》の瑞竜寺一心寺など。普茶ある毎《ごと》にいたらざる処なく。既に長崎に下らんとする比《ころ》。浪華に在りて彼地《かのち》の普茶料理の達人。何某《なにがし》の老僧に面会せしに。僕《やつがれ》が此道に執心なるを悦び。再三再四普茶によばれて。倶《とも》にその仕様をきけり。しかはあれど。清風《からふう》とても。折々不得意なる組合せも少なからず。彼をとり是をやつして。強いて清風を好まず。只其式を用ひて。皆会席に献立して。二三の一《いつ》を拾ふなれば。普茶卓子通の諸君子。かならずあやしみ給ふなと。

其のことわりを茲にしるす

江戸　八百善主人

卓子は「しっぽく」と読み、「卓袱」と同じである。どうやら善四郎は長崎まで行く前に、上方《かみがた》で目的を達成して江戸に戻り、献立に普茶料理を盛り込んだようである。江戸時代に著わされた普茶料理本に『料理三篇山家集《りようりさんぺんさんかしゆう》』がある。この本は『料理早指南《はやしなん》』（初〜四編一八二二年〔文政五〕）として有名で、著者は醍醐《だいご》山人《さんじん》。普茶料理の饗応の献立に加えて、具体的に器物も説明している。それによれば前段と後段とに分かれており、

第一に煎茶。これは銘々に茶ぼん、口取、たいへいとう、小皿、梅ぼしの肉ひとへぎをくろもじにさして出す。

第二に蒸菓。これはビードロ箱に黄檗饅頭を小口より切って盛り付ける。

第三には菜籠《さいろう》といって竹籠で作った六角の重ね重箱に、薯蕷《しよよ》羹《かん》、まるめろを胡麻油であげたものを初重に、けんちんのかや油揚げと竜眼肉、唐豆腐の衣かけ、芥子の油あげを二重に、三重には栃餅子のくるみ油揚げ、九年母の皮の胡麻油揚げ、胡麻麩、ふずく。

第四として羹採《こうさい》として思案《しあん》麩《ふ》、青昆布、ころ柿の蜜したじ煮。

次に移るところで、てんぜんといってぜんざい餅を出すことがある。その時は後段での蕎

麦式を出さない。

第五は饗盤でめいめい酒の瓶とコップをつける。

一番に薫筍《くんす》、俗に言う椀である。ただし、いとぞこはないもの。これには黄飯に椎の実をこまかに割って入れる。匙《さじ》をつける。

二番に大菜皿。牛蒡《ごぼう》、長芋のふと煮。氷豆腐の葛あんかけ。

三番に小菜皿。菊びしお、かんてん、生栗、ぶどう、青みしま。

四番に猪口。おらんだ味噌。

五番に羹杯《こうはい》。じゅんさいとあずきの砂糖煮。

以上が前段。後段は蕎麦式といって盛蕎麦を出す。

汁継。しだし。瓶はしぼり汁。蓋鉢は油すまし。匙付き。

籠母屋鉢。これにはねぎ、大根の長せん。蒸して。

蒸籠はそば、豆腐つなぎ。

加役《かやく》（薬味）としてとうがらし、けし、味噌、大根おろし、海苔、柚、紫蘇の実、ちんぴ、黒ごま。

以上で終わる。けっこう盛りだくさんの内容であるが、このような食事を僧侶たちが毎日食べていたのではなく、年一回、冬至《とうじ》の宵《よい》に許されただけであるという。ふだんの朝食はお粥のスープに梅干、沢庵で、昼食も夕食も一汁一菜である。

『料理通』八百善の記述は、「まず、煎茶を出し、座付吸物という処より直ぐに卓子台を出すなり。小菜八品、大菜十二品にて皆、長の数なり」と、非常に簡単であっさりしている。

醍醐山人の献立をみると、精進料理の特徴がいくつかわかる。まずは油料理である。それも、榧、ごま、くるみと多様な油を使っている。

日本料理は、焼いたり蒸したりする調理操作の次には、煮るに重点をおいた料理に発展するが、油を使っての料理はなかなか普及しない。これは多分に、油の生産量が追いつかないためでもあったが、本来、日本料理が、水を媒体にする料理を中心とし、だしによる旨味の味つけをすることでおいしさを追求していったからである。

したがって、油を使用する料理は料理本にも少ない。精進物は味にコクを出すために揚げ物が多いといわれるが、これは中国からの料理法として取り入れられていたと思われる。豆腐は中国伝来の物であるが、すでに述べたように水分が多くて柔らかい豆腐はそれが日本化されたものである。江戸時代の豆腐が今の四倍くらいも大きい単位で売られていたことを思うと、庶民のたんぱく質源として大いに役立っていたものといってよい。そして油揚げ、すなわち薄揚げは、揚げ物として庶民の間に普及した数少ない食品といってよいであろう。

普茶料理の中心地であった黄檗山萬福寺は、中国僧・隠元《いんげん》が長崎に門徒二十数名と渡来し、興福寺、崇福寺《そうふくじ》を開堂したのち京都に移り、一六六一年（寛文元）に江戸幕府の許可を得て宇治に開いたものである。この寺は中国の明《みん》時代の寺院建築で、現在もその広大な伽藍《がらん》や全体の雰囲気が他の禅宗寺院と違って、異国風の香りが強い。煎茶を広めたことでもその貢献度は大きいものがある。

卓袱料理

「卓」はテーブルすなわち食卓、「袱」はクロス、したがって「卓袱」はテーブルクロスのことである。中国から長崎にもたらされたこの料理は、食卓形式だけが踏襲されて、銘々膳であった。我が国が文明開化をし、食卓も銘々膳から「卓袱台」にかわったとき、これを「しっぽく台」とかいて「ちゃぶだい」と呼んだのである。卓袱料理は、その名称とテーブルを囲んでの食事形式が守られ、料理の内容を日本化して郷土料理として定着した。

異国風の道具をもちいて、卓袱風にアレンジした会席料理を内容とする『新撰会席しっぽく趣向帳』は一七七一年（明和八）に出版されたものである。それによれば、大菜五種または六種、小菜は七種または八種で、大宴《おおさかもり》であれば大菜を九種に、小菜を一六種にする。どういうふうにするかは気転をきかせなければならない。かわった酒などで気分を変えることもご馳走になる。よくよく工夫しておこなえば茶の湯の料理や会席は自由にできるだろう、とある。この本の著者は、浪花禿箒子となっている。

また同書では、卓袱料理本来のものではないが、道具類を詳しく図に示している。異国情緒豊かにテーブル、椅子、香炉、テーブルクロスから始まって、食器（大菜陶《だいさいはち》、小菜陶、箸《ちょ》盆《ぼん》、小皿、箸、片瓢《べんぴょう》または短匕、酒瓶、金回羅《コップ》、儲匕）、燭、瑠璃灯、盥《はん》（たらい）、飯器、饌器、茶瓶、茶碗、茶盆、菓盆、佩刀《はいとう》、花瓶、筆研、直幅など、多くの日本と異なる器具類を挙げている。

一部の階層にはテーブルと椅子という形式は伝わったが、多くの場合、テーブルだけ残って椅子は座布団にかわり、畳の生活様式は「すわる」文化を踏襲させていったということになろうか。四人でテーブルを囲む方式は普茶料理、卓袱料理でおこなわれていたことであるが、卓袱は今や円卓を八人で囲んですわって食べる日本式に変化している。江戸での卓袱料理はこのものめずらしさもあって流行したと見え、専門の料理店も出現している。八百善の主人もよく研究し、研究の幅を広げた意味でもその努力に頭が下がるものがある。

南蛮料理

卓袱料理は、長崎に定着して郷土料理にまで変化したが、同じく江戸時代に長崎の出島を通してヨーロッパ系の食事が伝わっている。それが南蛮料理といわれるものである。この南蛮料理は料理の内容はとり入れられたが、食事様式は伝播しなかった。

料理の中でも特筆したいのが、南蛮菓子といわれるものである。中国からのものとは違ってヨーロッパ圏の食文化は材料自体が珍しく、また手に入りにくいということもあって、そうそう広まらなかった。そうしたなかで、砂糖を使った菓子類、動物性食品の利用の仕方などは、限られた出島という場所で日本化することなく作られており、そこに出入りするわずかな日本人が見よう見まねで伝えていったと思われる。

出島のオランダ人は将軍との謁見《えっけん》のために江戸まで出かけ、その道中や江戸市中で大騒ぎで迎えられている。当然貢物として南蛮菓子やぶどう酒のような嗜好飲料なども江戸に運び込まれ、上層部はそれらの相伴に与《あずか》り、味わうことができた。

こうして砂糖の普及とともに和菓子にも影響を与えながら、南蛮料理も定着する。南蛮料理というと唐辛子をもちいた辛い料理ということになるが、これは秀吉の時代にもたらされたものである。代表的なものに、てんぷら、ヒロウス（飛竜頭《ひりようず》）などの揚げ物、天火を使うカステラ、ビスカウト（ビスケット）のような焼き菓子、こんぺいとうのような砂糖菓子がある。

日本料理が江戸で完成する

江戸では、京坂や長崎などいくつかの大都市が独自に発展させた料理の情報も、参勤交代などで交流が頻繁だったことにより、確実に収集される仕組みになっていた。料理形式もこれまで述べてきたように大饗料理、寺院における精進料理、神社における神饌などの流れに加えて、本膳料理形式が宮中や将軍家の正式な饗応料理として確立していた。また一方で、懐石料理のような知識人などから派生した料理様式がおこっていた。こうしたなかで江戸期に、酒宴のための会合が庶民の間で盛んになると料理茶屋が隆盛を極め、そこでの料理様式として、本膳の流れと懐石料理の流れが融合して、会席料理を作り上げていったのである。その間に、南蛮料理や中国料理の普茶料理、卓袱料理が少なからず日本料理の内容に影響をおよぼしていった。このようにして料理のさまざまな形が、江戸百万都市の中に流れこみ、日本料理は完成の域に達していったということができよう。

一方、この巨大都市江戸の「主人公」――くったくのない自由人である庶民は、しきたりや礼法を作らず、自由な気風でファストフードを食べ、酒宴をし、またそうした彼らにあわせた料理も工夫されていった。おいしいものであればおそらく間違いなく受け入れられ、商売は繁盛した。そのことはさらに味を向上させることになり、またさまざまな料理を生み出すことにもなって、かくて江戸二六〇年の間に日本料理は、庶民の力によってその質を高めていったのである。

エピローグ

江戸庶民を支えたファストフード

安政というと、明治になる一〇年前の頃だが、紀州の附家老の侍医であった原田という医師が、江戸の見聞記を書きのこしている。紀州人からみた江戸のようすである。

江戸は湿気が多く、土が灰のようで、雨が降ると泥のようになる。夏は日中はたいへん暑いが、朝晩は涼しい。一日中の雨降りともなれば、なんと単衣《ひとえ》では寒いくらいだ、とある。時代劇のドラマで昔の人たちはよくあれほど着ていられるものだと思うことがあるが、今とだいぶ気候条件が異なることもあったようだ。

冬は紀州の三倍も寒いと感じて、霜柱が二、三寸立って、土を持ち上げているとある。晴天では風が吹き、強い日は衣服や足袋《たび》が砂で汚れ、目も開けていられない。江戸の人達が紺の足袋と深笠を身につける理由がわかると分析している。埃《ほこり》めがねというものがあり、江戸に火事が多いのもこの風のせいだとしている。

なかなか観察が鋭く、中階層の人たちの暮らしぶりは、竈《かまど》が二つあり、餅搗《もちつ》き用の道具は持っていない。風呂もなく、客用の火鉢もなく、客に座布団を出さないと述べている。

江戸の水については、井戸はあるけれど、飲料水は上水すなわち水道を使い、これらの水は味甘く、清浄であるとしている。味のことまでこのように表現している書物は貴重である。

特筆したいのは、砂糖がはなはだ安いとしている点である。したがって、幕末もこの頃になると、砂糖の普及はかなりの底辺層にまで浸透していたと思われる。

菓子は上方に及びがたし、饅頭はことに下手、とまで断言している。理由は皮が厚いこと。反対に餅類はほめられている。きれいで風流であると評している。

お酒は、上品でとても値段が高い。甘酒は甘くない、酢は味が薄い。すしはにぎりずしで、押しずしは見あたらない。味もよくて安い、という。

そして江戸のすみずみにまで、膳飯、そば屋、しるこ餅、腰掛け茶屋のないところはないと、どこもここもにぎやかであることをうかがわせている。そばの汁の味がとても気に入ったらしく、紀州そばと江戸のそば汁をあわせれば最高になるとしている。

「蕎麦屋に入ると盛《もり》か掛《か》けと問ふ事極《きま》りなり、己が好ミに任せ、早く答をするなり、器はいづれも奇麗《きれい》ニて、必《かならず》蕎麦屋に八酒あり、しかも上酒なり」。

料理の味付けは、菓子のように甘くて酒の肴にならないという。今でも、江戸の味を看板にしている仕出し屋さんの味は、とても甘いものである。どうやら、甘いことは江戸の味でもあるということか。

百万都市を中心に、日本を鎖国という特殊条件下で統一しつづけた江戸時代は、約二六〇年という長い時間があり、日本独自の文化をゆっくりと形作るには絶好のチャンスであったと思う。鎖国といいながら、朝鮮やオランダ、中国とは細いパイプではあってもつながれていたことも忘れてはならないのだが、その影響をも含めて、この時期に日本料理は完成した。一方、中期頃から、町人文化が江戸の町で育まれ、食の分野でも外食として、低所得者層への強い味方である屋台や路上売りで、ファストフード的なてんぷら、だんご、鰻の蒲焼、おでん、しるこなどが売られるようになった。

本書で扱った江戸でのさまざまな現象は、第二次大戦後の復興とバブル期を通過した今日の日本に多くの共通項があるような気がする。時間の流れはその速さにおいてかなり現在とは異なるが、人が考えつく知恵はそっくり現代に通用することも多い。本書では江戸という途方もない魅力にあふれる時代の外食に多くのスペースを割いたが、おおまかに見て、江戸の初期にはほとんど外食のニーズはなく、中期の庶民層の増加にともなって自然発生的に出現した屋台売りや棒手振りなどが、江戸人口の半分といわれている庶民たちの食をそれなりに支えたのである。

一方で、貴族をはじめとする特権階層の人々が築き上げてきた伝統的料理を集大成したのも、江戸時代であった。日本料理の様式が確立（本膳料理及び会席・懐石料理）することで、それらは少しずつ庶民層にも浸透し、ハレとしての場では後世にも伝承されていくことになった。逆に庶民の考案でヒットした料理も、高級化して料理茶屋などに取り入れられていく。

一方、庶民のための屋台は、すたれてしまったわけではなく、後世にも継承されていった。現在でもてんぷらなどは、屋台ではないにせよ、店先で揚げながら、揚げたてを新聞紙などに包んで渡してくれる店も、下町の商店街などに健在である。にぎりずしも回転寿司として人気を持続しているし、そばなどは駅の立ち食いそばがいい例といえる。

寒くなると夜鷹そばならぬ、ラーメンやおでんの屋台が路上商売を続けている。かしこまっての高級料理店に対して、気軽に立ち寄れる、安くて早く食を提供してくれる屋台店、またそれに近い外食店はファストフードの名にふさわしく、これからもすたれることなく続いていくことであろう。

参考文献

歌川広重「東都名所高輪廿六夜待遊興之図」一八三七年（天保八）
斎藤長秋・莞斎・月岑著、長谷川雪旦画『江戸名所図会』一八三四～三六年（天保五～七）、鈴木棠三・朝倉治彦校註『江戸名所図会』一九六六～六八年、角川文庫
西山松之助『大江戸の文化』一九八一年、日本放送出版協会
菊池貴一郎『江戸府内絵本風俗往来』一九〇五年、東陽堂、復刻本『江戸府内絵本風俗往来』一九六五年、青蛙房
柴村盛方『飛鳥川』一八一〇年（文化七）、『日本随筆大成』（第二期10）一九七四年、吉川弘文館
鍬形蕙斎『近世職人尽絵詞』一八〇四年（文化元）頃
喜田川守貞『守貞謾稿』一八五三年（嘉永六脱稿）、影印本『守貞漫稿』一九七三～七四年、東京堂出版
斎藤月岑『東都歳事記』一八三八年（天保九）、『日本図会全集』六　一九二八年、日本随筆大成刊行会
式亭三馬『浮世床』初編　一八一一年（文化八）、中西善三校註『日本古典全書』一九五五年、朝日新聞社
岳亭春信著、歌川芳幾画『江戸久居計』一八六一年（文久元）
山東京伝『江戸春一夜千両』一七八六年（天明六）、『山東京傳全集』第一巻黄表紙1、一九九二年、ぺりかん社
山東京山『蜘蛛の糸巻』一八四六年（弘化三）、『日本随筆大成』（第二期7）一九七四年、吉川弘文館
鈴木牧之『北越雪譜』一八三六～四二年（天保七～一三）、岡田武松校訂『北越雪譜』一九三六年、岩波文庫
喜多村筠庭『嬉遊笑覧』巻一〇上（飲食）一八三〇年（文政一三）、『日本随筆大成』別巻一〇、一九七九年、吉川弘文館

『週刊朝日百科「世界の食べもの」日本編⑳』一九八二年、朝日新聞社
『日葡辞書』一九七三年、勉誠社
上田正昭監修『[秘儀開封]春日大社』一九九五年、角川書店
『日本の味覚　すし——グルメの歴史学』岐阜市歴史博物館、一九九二年
三田村鳶魚『娯楽の江戸　江戸の食生活』(朝倉治彦編)一九九七年、中公文庫
『料理物語』(著者未詳)一六四三年〔寛永二〇〕、復刻本『料理物語』一九七八年、臨川書店、『日本料理秘伝集成』第一巻、一九八五年、同朋舎出版
嘯夕軒宗堅『料理網目調味抄』一七三〇年〔享保一五〕、復刻本『料理網目調味抄』一九七九年、臨川書店、『日本料理秘伝集成』第一巻、一九八五年、同朋舎出版
浅野高造『即席料理素人庖丁』一八〇三年〔享和三〕、復刻本『即席料理素人庖丁』一九八〇年、臨川書店、『日本料理秘伝集成』第一五巻、一九八五年、同朋舎出版
杉野権兵衛『名飯部類』一八〇二年〔享和二〕、復刻本『名飯部類』一九八〇年、臨川書店、『日本料理秘伝集成』第九巻、一九八五年、同朋舎出版
朱楽菅江著、喜多川歌麿画『絵本江戸爵』一七八六年〔天明六〕、『日本風俗図絵』一二、一九八三年、柏書房
十返舎一九著、歌川安秀画『金儲花盛場』一八三〇年〔文政一三〕
尾崎準之助『石城日記』一八六一年〔文久元〕
前田勇編『江戸語の辞典』一九七九年、講談社
菊岡沾凉『本朝世事談綺』一七三四年〔享保一九〕、『日本随筆大成』(第二期12)一九七四年、吉川弘文館
柳亭種彦『用捨箱』下、一八四一年〔天保一二〕、『日本随筆大成』(第一期13)一九七五年、吉川弘文館
西沢一鳳『皇都午睡』一八五〇年〔嘉永三〕、『新群書類従』一、一九七六年、第一書房
感和亭鬼武『有喜世物真似旧観帖』三編、一八〇九年〔文化六〕、三田村鳶魚評釈・解題『評釈江戸文学叢

書』第一〇巻滑稽本名作集、一九七〇年、講談社
『世界大百科事典』一九六四年、平凡社
北島正元『江戸時代』一九五八年、岩波新書
東京都江戸東京博物館・東京新聞編『参勤交代――巨大都市江戸のなりたち』一九九七年、東京都江戸東京博物館
吉田元『江戸の酒』一九九七年、朝日新聞社
芳賀登・吉原健一郎「《対談》江戸の酒事情」『酒文化研究』四、一九九四年、酒文化研究所
十返舎一九『東海道中膝栗毛』一八〇二～二二年〔享和二～文政五〕、三田村鳶魚評釈・解題『評釈江戸文学叢書』第一〇巻滑稽本名作集、一九七〇年、講談社
醒狂道人何必醇『豆腐百珍』一七八二年〔天明二〕、復刻本『豆腐百珍』一九八〇年、臨川書店、『日本料理秘伝集成』第九巻、一九八五年、同朋舎出版
南和男『江戸っ子の世界』一九八〇年、講談社現代新書
松江重頼編『毛吹草』一六三八年〔寛永一五〕、一九四三年、岩波文庫
『寛天見聞記』（著者・刊行年未詳）、岩本佐七編『燕石十種』下巻、一九七六年、東出版
多田鉄之助『たべもの日本史』一九七二年、新人物往来社
永島今四郎・太田贇雄『千代田城大奥』一八九二年、朝野新聞社
池田東籬亭『魚類精進早見献立帳』一八三四年〔天保五〕、復刻本『早見献立帳』一九八〇年、臨川書店、『日本料理秘伝集成』第八巻、一九八五年、同朋舎出版
桜井準也「近世大名屋敷における食生活」『史學』第五七巻第一号、一九八七年、三田史学会
宮腰松子「江戸後期武家の食事について」『神戸女学院大学論集』一四巻三号、一九六八年、神戸女学院大学研究所

朝日重章『鸚鵡籠中記』一六九一～一七一七年〔元禄四～享保二〕、名古屋市教育委員会編『校訂復刻　名古屋叢書』続編第九～一二巻、一九八三年、愛知県郷土資料刊行会
原田信男「『石城日記』にみる幕末下級武士の食生活」『歴史公論』八九号、一九八三年、雄山閣出版
原史彦「江戸屋敷内の暮らし」東京都江戸東京博物館・東京新聞編『参勤交代――巨大都市江戸のなりたち』一九九七年、東京都江戸東京博物館
『文政年間漫録』〈著者・刊行年未詳〉、『未刊随筆百種』第一巻、一九七六年、中央公論社
宮内輝武「江戸時代の食費」『VESTA』28、一九九七年、味の素文化センター
小野武雄編著『江戸物価事典』一九七九年、展望社
『日用倹約料理仕方角力番附』東京都立中央図書館加賀文庫蔵
吉田伸之編『日本の近世』9、一九九二年、中央公論社
杉山直儀『江戸時代の野菜の品種』一九九五年、養賢堂
斎藤隆三「飲食三昧の江戸」、芳賀登編『町人文化百科論集二　江戸のくらし』一九八一年、柏書房
三浦浄心『慶長見聞集』一六一四年〔慶長一九〕、『江戸叢書』二、一九六四年、名著刊行会
式亭三馬『浮世風呂』一八〇九～一三年〔文化六～一〇〕、三田村鳶魚評釈・解題『評釈江戸文学叢書第一〇巻滑稽本名作集』一九七〇年、講談社
井原西鶴『日本永代蔵』巻五「廻り遠きは時計細工」一六八八年〔貞享五〕、東明雅校訂『日本永代蔵』一九五六年、岩波文庫
器土堂『万宝料理秘密箱』前編、一七八五年〔天明五〕、復刻本『万宝料理秘密箱』前編、一九八〇年、臨川書店、『日本料理秘伝集成』第一〇巻、一九八五年、同朋舎出版
『文化秘筆』〈著者・刊行年不詳〉、『未完随筆百種』第八、米山堂
栄森康治郎『水をもとめて四〇〇年』一九八九年、TOTO出版

本山荻舟『飲食事典』一九五八年、平凡社
柏崎具元（永以）『事跡合考』一七四六年（延享三）、岩本佐七編『燕石十種』上巻、一九七六年、東出版
山東京伝『近世奇跡考』一八〇四年（文化元）、『日本随筆大成』（第二期6）、一九七四年、吉川弘文館
石井治兵衛『日本料理法大全』一八九八年、博文館、複製本『日本料理法大全』、一九七七年、新人物往来社
四方山人『料理献立頭てん天口有』一七八四年（天明四）、『江戸の戯作絵本』（二）、一九八一年、現代教養文庫（社会思想社）
八百屋善四郎『江戸流行料理通』一八二二～三五年（文政五～天保六）、復刻本『江戸流行料理通』一九八一年、臨川書店、『日本料理秘伝集成』第六巻、一九八五年、同朋舎出版
青山白峯『明和誌』（刊行年未詳）、三田村鳶魚編『鼠璞十種』中巻、一九七八年、中央公論社
浜田義一郎「『料理通』の書画――八百善を推す人々」『飲食史林』創刊号、一九七九年、飲食史林刊行会
杉村英治「八百善――『閑談数刻』抄」『飲食史林』創刊号、一九七九年、飲食史林刊行会
『類聚雑要抄』（著者未詳）、一一四六年（久安二）頃、塙保己一編『群書類従』第貳拾六輯、一九二九年、続群書類従完成会
倉林正次「大臣大饗」『歴史公論』七三号、一九八一年、雄山閣出版
醍醐山人『料理早指南』一八二二年（文政五）、復刻本『料理早指南』一九八〇年、臨川書店、『日本料理秘伝集成』第五巻、一九八五年、同朋舎出版
遠藤元男・谷口歌子『日本史小百科 飲食』一九八三年、近藤出版社
明庵栄西『喫茶養生記』一二一一年（承元五）、塙保己一編『群書類従』飲食、一九二九年、続群書類従完成会
未達（西村市郎右衛門）『普茶料理抄』一七七二年（明和九）、復刻本『普茶料理抄』一九七九年、臨川書店、『日本料理秘伝集成』第一三巻、一九八五年、同朋舎出版
貝原益軒『養生訓』一七一三年（正徳三）、伊藤友信訳『養生訓』一九八二年、講談社学術文庫

浪花禿箒子『新撰会席しっぽく趣向帳』一七七一年（明和八）、復刻本『新撰会席しっぽく趣向帳』一九七九年、臨川書店、『日本料理秘伝集成』第一三巻、一九八五年、同朋舎出版
岡田甫校訂『誹風柳多留全集』一～一二、一九七六～七八年、三省堂
神坂次郎『元禄御畳奉行の日記』一九八四年、中公新書
新島繁編著『近世蕎麦随筆集成』秋山書店、一九九六年

あとがき

江戸の庶民が作り出した傑作といってよい、屋台からはじまったてんぷらやにぎりずしを「ファストフード」という名前でくくり、江戸の食を取りまとめてみた。

食という切り口は、言葉や絵図によって想像することはできても、肝心の香りや味が皆目わからないという欠点がある。日々、食品の質は改良・変化していくので、なすひとつでも現在のものとは違うと思わなくてはならない。まして調味料などは推して知るべしであろう。しかし、江戸も後期となると文筆活動が盛んとなり、自由人である文筆家がそれらをかなり詳細に記述している。こうした資料から、活気あふれる「粋」と「通」の江戸っ子の食を覗くことができる。

江戸という途方もなく大きな対象を相手に、これまで多くの有能な研究者が筆をとっており、いまさら私のような者が後に続くのはおこがましいのかもしれない。けれども講談社の渡部佳延さんからのお誘いの話を、「これを機会に勉強しなさい」ということだと勝手に解釈して引き受け、後悔先に立たずのたとえどおり、しだいに形になってくるうちに、恐ろしいという思いがしきりにわくのを禁じえない。

けれども、調べれば調べるほど興味の尽きない江戸という都市は、長い歴史のなかで一つのまとまった姿をとっており、完結した面白さがある。草創期から成熟期、さらには爛熟期と、江戸の文化を庶民たちが大いに活躍して作り上げていったところに魅力がある。

本書は、読者の皆さんがこれをきっかけに江戸に興味をお持ちになり、多くの優れた書物に触れ、知識を深めていってくだされば、という思いを込めて書き上げたものである。このような機会を与えてくださった講談社の渡部氏に感謝するとともに、いろいろとご迷惑をおかけしたことをお詫びしたい。また最後になったが、私を食文化の研究に導いて下さった石川寛子先生に、深謝することで本書を終えたいと思う。

一九九七年一二月

大久保洋子

KODANSHA

本書の原本は、一九九八年一月、小社より講談社選書メチエ『江戸のファーストフード——町人の食卓、将軍の食卓』として刊行されました。

大久保洋子（おおくぼ　ひろこ）

1943年生まれ，群馬県出身。実践女子大学文家政学部卒業。博士（食物栄養）。実践女子大学元教授。専攻は食文化論・調理学。著書に『江戸っ子は何を食べていたか』，共著に『史料が語る江戸の暮らし122話』『史料が語る明治の東京100話』『史料が語る江戸期の社会実相一〇〇話』『食生活論』『日本の食文化』などがある。

講談社学術文庫

定価はカバーに表示してあります。

江戸《えど》の食空間《しよくくうかん》　屋台《やたい》から日本料理《にほんりようり》へ

大久保洋子《おおくぼひろこ》

2012年11月12日　第1刷発行
2024年12月10日　第9刷発行

発行者　篠木和久
発行所　株式会社講談社
東京都文京区音羽 2-12-21 〒112-8001
電話　編集（03）5395-3512
販売（03）5395-5817
業務（03）5395-3615

装　幀　蟹江征治
印　刷　株式会社ＫＰＳプロダクツ
製　本　株式会社国宝社
本文データ制作　講談社デジタル製作

ISBN978-4-06-292142-8

「講談社学術文庫」の刊行に当たって

これは、学術をポケットに入れることをモットーとして生まれた文庫である。学術は少年の心を養い、成年の心を満たす。その学術がポケットにはいる形で、万人のものになることは、生涯教育をうたう現代の理想である。

こうした考え方は、学術を巨大な城のように見る世間の常識に反するかもしれない。また、一部の人たちからは、学術の権威をおとすものと非難されるかもしれない。しかし、それはいずれも学術の新しい在り方を解しないものといわざるをえない。

学術は、まず魔術への挑戦から始まった。やがて、いわゆる常識をつぎつぎに改めていった。学術の権威は、幾百年、幾千年にわたる、苦しい戦いの成果である。こうしてきずきあげられた城が、一見して近づきがたいものにうつるのは、そのためである。しかし、学術の権威を、その形の上だけで判断してはならない。その生成のあとをかえりみれば、その根は常に人々の生活の中にあった。学術が大きな力たりうるのはそのためであって、生活をはなれた学術は、どこにもない。

開かれた社会といわれる現代にとって、これはまったく自明である。生活と学術との間に、もし距離があるとすれば、何をおいてもこれを埋めねばならない。もしこの距離が形の上の迷信からきているとすれば、その迷信をうち破らねばならぬ。

学術文庫は、内外の迷信を打破し、学術のために新しい天地をひらく意図をもって生まれた。文庫という小さい形と、学術という壮大な城とが、完全に両立するためには、なおいくらかの時を必要とするであろう。しかし、学術をポケットにした社会が、人間の生活にとってより豊かな社会であることは、たしかである。そうした社会の実現のために、文庫の世界に新しいジャンルを加えることができれば幸いである。

一九七六年六月

野間省一

窪田蔵郎《くぼたくらお》著
鉄から読む日本の歴史
考古学・民俗学・技術史が描く異色の文化史。大和朝廷権力の背景にある鉄器、農業力を飛躍的に向上させた鉄製農耕具、鋳造鍛錬技術の精華としての美術工芸品や日本刀。〈鉄〉を通して活写する、日本の二千年。

1588

網野善彦著（解説・田島佳也）
海と列島の中世
海が人を結ぶ、列島中世を探照する網野史観。海は柔かい交通路である。海村のあり方から「倭寇世界人」まで文化を結ぶ海のダイナミズムを探り、東アジアに開かれた日本列島の新鮮な姿を示す網野史学の論集。

1592

山本博文著
江戸お留守居役の日記　寛永期の萩藩邸
根廻しに裏工作。現代日本社会の原像を読む。萩藩の江戸お留守居役、福間彦右衛門の日記『公儀所日乗』。由井正雪事件や支藩との対立等、迫り来る危機を前に、藩の命運を賭けて奮闘する外交官の姿を描く好著。

1620

上垣外憲一著（解説・井上秀雄）
倭人と韓人　記紀からよむ古代交流史
古代日韓の人々はどんな交流をしていたのか。記紀神話を〝歴史〟として読みなおし、そこに描かれた倭と半島の交流の様子を復元する。比較文学・比較文化の手法を駆り描き出す、刺激的かつダイナミックな論考。

1623

エドゥアルド・スエンソン著／長島要一訳
江戸幕末滞在記　若き海軍士官の見た日本
若い海軍士官の好奇心から覗き見た幕末日本。慶喜との謁見の模様や舞台裏も紹介、ロッシュ公使の近辺で貴重な体験をしたデンマーク人の見聞記。旺盛な好奇心、鋭い観察眼が王政復古前の日本を生き生きと描く。

1625

宮地佐一郎著
龍馬の手紙　坂本龍馬全書簡集・関係文書・詠草
幕末の異才、坂本龍馬の現存する手紙の全貌。動乱の世を志高く駆け抜けていった風雲児の手紙は何を語るのか。壮大な国家構想から姉や姪宛の私信まで、計一三九通。龍馬の青春の軌跡が鮮やかに浮かび上がる。

1628

文化人類学・民俗学

年中行事覚書
柳田國男著（解説・田中宣一）

人々の生活と労働にリズムを与え、共同体内に連帯感を生み出す季節の行事。それらなつかしき習俗・行事の数々に民俗学の光をあて、隠れた意味や成り立ちを探る。日本農民の生活と信仰の核心に迫る名著。

124

妖怪談義
柳田國男著（解説・中島河太郎）

河童や山姥や天狗等、誰でも知っているのに、実はよく知らないこれらの妖怪たちを追究してゆくと、正史に現われない、国土にひそむ歴史の真実をかいまみることができる。日本民俗学の巨人による先駆的業績。

135

中国古代の民俗
白川　静著

未開拓の中国民俗学研究に正面から取り組んだ労作。著者独自の方法論により、従来知られなかった中国民族の生活と思惟、習俗の固有の姿を復元、日本古代の民俗的事実との比較研究にまで及ぶ画期的な書。

484

南方熊楠《みなかたくまぐす》
鶴見和子著（解説・谷川健一）

南方熊楠――この民俗学の世界的巨人は、永らく未到のままに聳え立ってきたが、本書の著者による満身の力をこめた独創的な研究により、ようやくその全体像を現わした。〈昭和54年度毎日出版文化賞受賞〉

528

魔の系譜
谷川健一著（解説・宮田　登）

正史の裏側から捉えた日本人の情念の歴史。死者の魔が生者を支配するという奇怪な歴史の底流に目を向け、呪術師や巫女の発生、呪詛や魔除けなどを通して、日本人特有の怨念を克明に描いた魔の伝承史。

661

塩の道
宮本常一著（解説・田村善次郎）

本書は生活学の先駆者として生涯を貫いた著者最晩年の貴重な話――「塩の道」「日本人と食べ物」「暮らしの形と美」の三点を収録。独自の史観が随所に読みとれ、宮本民俗学の体系を知る格好の手引書。

677

文化人類学・民俗学

C・レヴィ＝ストロース著／室　淳介訳
悲しき南回帰線（上）（下）
「親族の基本構造」によって世界の思想界に波紋を投じた著者が、アマゾン流域のカドゥヴェオ族、ボロロ族など四つの部族調査と、自らの半生を紀行文の形式でみごとに融合させた「構造人類学」の先駆の書。
711・712

宮本常一著（解説・田村善次郎）
民間暦
民間に古くから伝わる行事の底には各地共通の原則が見られる。それらを体系化して日本人のものの考え方、労働の仕方を探り、常民の暮らしの折り目をなす暦の意義を詳述した宮本民俗学の代表作の一つ。
715

宮本常一著（解説・山崎禅雄）
ふるさとの生活
日本の村人の生き方に焦点をあてた民俗探訪。祖先の生活の正しい歴史を知るため、戦中戦後の約十年間にわたり、日本各地を歩きながら村の成立ちや暮らしの仕方、古い習俗等を丹念に掘りおこした貴重な記録。
761

宮本常一著（解説・田村善次郎）
庶民の発見
戦前、人々は貧しさを克服するため、あらゆる工夫を試みた。生活の中で若者をどう教育し若者はそれをどう受け継いできたか。日本の農山漁村を生きぬいた庶民の内側からの目覚めを克明に記録した庶民の生活史。
810

折口信夫著（解説・岡野弘彦）
日本藝能史六講
まつりと神、酒宴とまれびとなど独特の鍵語を駆使して藝能の発生を解明。さらに田楽・猿楽から座敷踊りまで日本の歌謡と舞踊の歩みを通観。藝能の始まりと展開を平易に説いた折口民俗学入門に好適の名講義。
994

柳田國男著（解説・桜田勝徳）
新装版**明治大正史　世相篇**
柳田民俗学の出発点をなす代表作のひとつ。明治・大正の六十年間に発行されたあらゆる新聞を渉猟して得た資料を基に、近代日本人のくらし方、生き方を民俗学的方法によってみごとに描き出した刮目の世相史。
1082

日本人論・日本文化論

小池喜明著
葉隠《はがくれ》 武士と「奉公」

泰平の世における武士の存在を問い直した書。「葉隠」は武士の心得について、元佐賀鍋島藩士山本常朝の語りをまとめたもの。儒教思想を否定し、武士の奉公は主君への忠誠と献身の態度で尽くすことと主張した。

1386

ドナルド・キーン著／足立 康訳
果てしなく美しい日本

若き日の著者が瑞々しい感覚で描く日本の姿。緑あふれ、伝統の息づく日本に思いを寄せて描き出した昭和三十年代の日本。時代が大きく変化しても依然として変わらない日本文化の本質を見つめ、見事に剔り出す。

1562

R・ベネディクト著／長谷川松治訳
菊と刀 日本文化の型

菊の優美と刀の殺伐——。日本人の精神生活と文化を通し、その行動の根底にある独特な思考と気質を抉剔する、不朽の日本論。「恥の文化」を鋭く分析し、日本人とは何者なのかを鮮やかに描き出した古典的名著。

1708

李御寧《イーオリョン》著(解説・高階秀爾)
「縮み」志向の日本人

小さいものに美を認め、あらゆるものを「縮める」ところに日本文化の特徴がある。入れ子型、扇子型、折詰め弁当型、能面型など「縮み」の類型に拠って日本文化を分析、「日本人論中の最高傑作」と言われる名著。

1816

船曳建夫著
「日本人論」再考

明治以降、夥しい数の日本人論が刊行されてきた。『武士道』『菊と刀』『「甘え」の構造』などの本はなぜ書かれ、読まれ、好評を博すのか。2000超の日本人論の構造を剔出し、近代日本人の「不安」の在処を探る。

1990

相良 亨著
武士道

侍とはいかなる精神構造を持っていたのか？主従とは、死とは、名と恥とは……『葉隠』『甲陽軍鑑』『武道初心集』『山鹿語類』など武士道にかかわる書を読み解き、日本人の死生観を明らかにした、日本思想史研究の名作。

2012